La vida intensa

# Salto de fondo

Tristan Garcia

# La vida intensa

## Una obsesión moderna

Traducción de
Antoni Martínez Riu

**herder**

*Título original:* La vie intense. Une obsession moderne
*Traducción:* Antoni Martínez Riu
*Diseño de la cubierta:* Toni Cabré

© *2016, Autrement, París*
© *2024, Tristan Garcia, del prólogo*
© *2024, Herder Editorial, S.L., Barcelona*

ISBN: 978-84-254-5141-6



*Imprenta:* Liberdúplex
*Depósito legal:* B-5.838-2024

*Impreso en España - Printed in Spain*

**herder**

*Gracias a Agnès*

¿Somos víctimas de un adormecimiento de nuestra atención, de una anestesia generalizada de nuestro sentimiento y de nuestra razón? O, al contrario, ¿nos afecta una aceleración de las exigencias de todas nuestras facultades, una especie de nerviosismo cognitivo? Me parece que siempre podemos defender la validez de ambos diagnósticos y que oiremos a la mayoría de los sujetos contemporáneos quejarse a la vez de lo que los hace insensibles y de lo que excita su sensibilidad hasta un punto de ruptura.

No hay necesidad de decidir la cuestión, a menos que propongamos análisis moralizantes bastante vagos, que nos llevarán a juzgar que hay que ralentizar o, más bien, acelerar las cosas; es mejor contentarnos con verificar que, en un sentido o en el otro, hablamos el lenguaje de la intensidad para cualificar la experiencia subjetiva de cómo es ser alguien: lo evaluamos todo en términos variables, en más o en menos.

Eso es lo que me interesó en *La vida intensa,* un ensayo escrito hace ocho años. Desde entonces, me parece que la importancia de términos intensivos para calificar nuestra experiencia no ha hecho sino crecer. Ante los acontecimientos que se van sucediendo, muchos evocan una sensación de montaña rusa, de grandes expectativas y profundas decepciones, de una oscilación permanente, de accesos de exaltación militante y de una sensación de abatimiento y fracaso, pero también de una dispersión de la atención en un régimen de economía cognitiva en el que esta atención toma un valor estratégico. Hasta las variaciones de la vida en nosotros, la energía y la fuerza de trabajo o, al contrario, la depresión y el colapso son escrutadas, escenificadas y medidas.

Apostaría a que eso influye, al menos parcialmente, a la hora de definirnos a través de las diferencias sociales y políticas, de clase, de género, de racialización o de edad, que hacen que nuestras experiencias de vida sean a menudo inconmensurables; y me parece incluso que en todos los ámbitos, en todas las clases, hablamos el lenguaje de la intensidad. Es un rasgo de la época.

*La vida intensa* se inscribe, por lo tanto, en la larga tradición de intentos de diagnosticar la época e identificar un concepto que exprese el color de nuestro tiempo.

Por supuesto, los diagnósticos sociohistóricos del estado de nuestras subjetividades correrán siempre el riesgo de ser demasiado amplios, excesivamente vagos o sesgados de más, de no tener un fundamento empírico, porque pretenden precisamente captar, más allá de los discursos, de las representaciones y de las experiencias, ese algo de impalpable en el que todos estamos presos.

Hacer un diagnóstico de la filosofía de la época es como intentar calcar las formas de las nubes: es transformar un estado gaseoso en una forma más o menos definida. No creo que debamos renunciar a este ejercicio, por la sencilla razón de que nos entregamos sin cesar a él, pretendiendo, a lo largo de nuestras discusiones, haber pasado de «la edad de esto» a «la edad de aquello», y una gran parte de nuestras actividades de teorización más espontáneas consisten en nombrar lo que constituiría la especificidad del momento que vivimos.

No hay por qué lamentarlo ni por qué combatirlo: intentar distinguir lo que somos en concreto aquí y ahora forma parte integrante de cada «nosotros».

Así que intentemos trazar los rasgos de esa nube: nuestra época. Cambia, es en realidad intrincada, sin contornos definidos y, no obstante, se nos muestra de una forma perfectamente determinada. Me ha parecido que podríamos encontrar una de las formas de nuestra época en las ideas y en las imágenes relacionadas con el concepto de intensidad: más que en otros tiempos, nos concebimos y nos animamos a concebirnos como seres atravesados por intensidades, seres nerviosos, eléctricos, en los que el sentimiento de vivir es una variable y cuya variación sería su único sentido verdadero. Al escribir este libro, me pareció que esta sería una buena manera de identificarnos, de distinguirnos de otras formas de subjetividad más antiguas y quizá de subjetividades que vendrán, que no interpretarían exclusivamente el sentimiento de sí mismas en estos términos intensivos.

Con ello, contrariamente a lo que he podido leer, no he querido ciertamente convertirme en un apologista de la lentitud contra la aceleración, ni el promotor de una vida intensa contra el espectro del achatamiento de todas las cosas; esas lecturas de mi libro me han parecido equivocadas. Por «vida intensa» no me refiero a nada bueno o malo, sino a un cierto modelo de representarnos a nosotros mismos en términos de variación perpetua, que tiende a fetichizar un puro cambio cualitativo para mejor entregarlo a la cuantificación constante; he intentado proponer una genealogía de ese sentimiento de nosotros, insistiendo en el papel que en él ha desempeñado el descubrimiento y la domesticación de la electricidad; con ello esperaba mostrar que el hecho de interpretarnos como intensidades se había formado muy recientemente, y que se deformaría sin duda muy pronto.

A mi entender, se trataba solamente de mostrar que eso no era un absoluto. Cuando se absolutiza, paradójicamente, se pierde la intensidad y, creyendo exaltarla, la condenamos.

A la excitación cada vez más fuerte de la intensidad eléctrica del sí mismo responde, en efecto, como he intentado esbozar, la emergencia de una representación de un sí mismo electrónico, es decir, de un sujeto hecho de información transmitida a baja intensidad: es el deseo de devenir electrónico, tras haberse agotado como un sujeto eléctrico.

Si nos pensamos solamente en cuanto sujetos como una especie de intensidad vital destinada a aumentar, a disminuir, a variar, nos entregamos a una lógica de la que solo se sale agotados o colapsados. De modo que en este libro y en *Laisser être et rendre puissant* he propuesto otra manera de ser sujeto que consistiría en resistir y resistirse. Se trata —pero eso no es más que una promesa negativa abierta en las últimas páginas del libro— de ser siempre capaces de representarnos la posibilidad de otra cosa: dejando ir el flujo abandonado a sí mismo, pronto dejaremos de medir su intensidad. Si hay flujos materiales, tanto sensibles como existenciales, asegurémonos de que haya también algo más que los contenga.

Creo que eso puede alejarnos de la impresión esquizofrénica de que a la vez todo se acelera y todo se estanca, de que al mismo tiempo algo se dispara y eso mismo flaquea, que estamos «todo el tiempo a tope» y «totalmente planos». Esos dilemas comunes que, en diferentes ámbitos a la vez íntimos y sociales, nos remiten a sentimientos con intensidades a la vez máximas y mínimas, provienen, a mi entender, de puestas en escena de la vida como pura intensidad; para salir de ahí, me gustaría desarrollar contrapuntos para la imaginación.

Este pequeño libro ha sido concebido, por lo tanto, como una primera máquina intelectual para resistir a todas las formas de intensidad a las que estamos entregados y nos entregamos, no para negarlas sino para probarlas y soportarlas mejor.

Sin cesar se nos prometen intensidades. Nacemos y crecemos expuestos a la búsqueda de sensaciones fuertes que han de justificar nuestra vida. Suministradas por el rendimiento deportivo, las drogas, el alcohol, los juegos de azar, la seducción, el amor, el orgasmo, el placer o el dolor físico, la contemplación o la creación de obras de arte, la investigación científica, la fe exaltada o el compromiso exasperado, esas excitaciones repentinas nos despiertan de la monotonía, del automatismo y del tartamudeo de lo mismo, de la banalidad existencial. Porque una especie de pérdida de vitalidad amenaza sin cesar al hombre confortablemente instalado. Hubo un tiempo en el que este adormecimiento era la obsesión del soberano ocioso y satisfecho, de los reyes holgazanes que buscaban desesperadamente la diversión, de Nerón, de Calígula, o de los conquistadores adormilados en lo que se llamaba «las delicias de Capua»: la paradoja que amenazaba al hombre superior era que, triunfando, cumpliendo todos sus deseos y consiguiendo todos sus objetivos, sentía cómo se relajaba en él la tensión existencial, el vigor de sus nervios y perdía esa sensación indefinible que permite a un ser vivo valorar favorablemente la intensidad de su existencia.

A medida que se producía el crecimiento económico de Occidente, porque cada vez más los hombres saciaban su hambre, disponían de un lugar donde cobijarse y encontraban tiempo para divertirse, ese miedo del vencedor se democratizó y se transmitió a los individuos modernos frustrados por la satisfacción creciente de sus necesidades. A los hombres tranquilizados les falta el sentimiento de vivir de verdad, que atribuyen a los que compiten y sobreviven en circunstancias difíciles. Ahora bien, ese sentimiento de un despertar nervioso, cuando ya se ha perdido o está a punto de perderse, a menudo se identifica con una extraña fuerza interior, incuantificable con exactitud, pero inevitablemente reconocida por la intuición, que determina el grado de compromiso de un hombre con lo que siente. Desde fuera, siempre es posible estimar si una persona posee aquello que necesita, si su existencia es fácil o difícil, e incluso si es o no feliz. Pero nadie puede penetrar en el corazón de otro ser para determinar, en su lugar, si su sentimiento de existir es débil o fuerte. Eso no podemos quitárselo a una subjetividad: es su fortaleza inviolable. Está lo que llega a los ojos de un observador y luego la medida interna, el calibrador interno de lo que sentimos en nosotros mismos: la intensidad. Por supuesto, conocemos desde hace tiempo los signos fisiológicos, a los que está atenta nuestra especie igual que todas las demás especies de mamíferos: respiración acelerada, tamborileo del corazón, desbocamiento del pulso, contracción de los músculos, estremecimientos, rubor en las mejillas, pupilas dilatadas y una mayor tensión muscular —el momento de la descarga de adrenalina—. Pero también está ese misterioso «grado de intensidad del sí mismo en sí», que no se deja reducir a la excitación física. Es la sensación de ser más o menos uno mismo: la misma percepción, el mismo momento, el mismo encuentro puede ser experimentado, lo sabemos bien, con mayor o menor fuerza. No es solo el contenido de una experiencia lo que produce su intensidad: un instante aparentemente anodino, un gesto dibujado mil veces, el detalle familiar de un rostro pueden irrumpir de repente y producirnos la impresión epifánica de una descarga eléctrica. Esa descarga nos expone de nuevo a la intensidad de la verdadera vida y nos saca del pantano de la rutina en que nos habíamos hundido sin darnos cuenta siquiera. Pero también un momento, mucho tiempo esperado, una buena noticia, un drama terrible o una obra de arte sublime pueden encontrarnos secretamente indiferentes. ¿Por qué? No hay una relación exacta e invariable entre lo que experimentamos y la intensidad de nuestras experiencias. Que a nuestro ser le alcance ese rayo, que nos permite tocar por un momento el grado más elevado de nuestro sentimiento de existir, es algo imprevisible. Evolucionamos del nacimiento a la muerte al compás de la modulación de esta descarga que esperamos y que tememos, que tratamos de suscitar cuando nos falta y cuya amplitud y frecuencia cada uno de nosotros valoramos a nuestra manera. La tecnología nos promete incluso medir y estudiar, gracias a las estadísticas, si no sus variaciones de intensidad, al menos sus efectos fisiológicos. La comercialización reciente de «pulseras *fitness*», que permiten al usuario controlar sus picos de estrés, su frecuencia cardíaca o la calidad de su sueño en tiempo real, promueve un cierto tipo de hombre moderno, lector e intérprete permanente de las variaciones cifradas de su ser. Se supone que controlamos la evolución de nuestra intensidad de vida, que va y viene, como un pequeño vehículo lanzado en bucle en una montaña rusa. Según el carácter y los intereses de cada cual, ese sentimiento trepidante puede reaparecer en el momento de recoger la apuesta de póquer en un *call* improbable, ganar una partida *online* especialmente difícil, permitirse un pico de velocidad en una carretera desierta, saltar en elástica, en caída libre, lanzarse desde lo alto de un acantilado, abrir una vía de escalada, salir a cazar, subir al escenario con un nudo en el estómago por el miedo escénico, saltarse las recomendaciones de seguridad, reunirse con los colegas excitados para discutir acerca de una insurrección, bajar a la calle a enfrentase a la policía, citarse en un aparcamiento para una pelea de *fans,* pero también en el momento de leer, echado en la cama, un *thriller* adictivo cuya cubierta posterior asegura que va a proporcionarnos un *shock* inédito, o en el de ver películas cada vez más *gore,* consumir bebidas energéticas, meterse una raya de cocaína, masturbarse, abandonarse al azar de los acontecimientos, enamorarse, intentar sentirse de nuevo sujeto de la propia vida, pero dejándose paradójicamente llevar, para desposeerse finalmente del control de sí mismo. Quizá acaba desarrollándose en cada uno de nosotros una especie de instrumento de medida, primero rudimentario y luego refinado, de nuestra intensidad de vida, cuya variación entra en nuestros cálculos de interés; somos razonables a condición, sobre todo, de sentir regularmente, y más o menos por encargo, una intensidad suficiente para sentirnos vivos.

Hace mucho que la sociedad liberal occidental lo entendió y que se dirige a este tipo de individuos. Nos ha prometido que nos convertiremos en eso: en personas intensas. O, más exactamente, en personas cuyo sentido existencial es la intensificación de todas las funciones vitales. La sociedad moderna ya no promete a los individuos otra vida o la gloria del más allá, sino solo lo que ya somos —más y mejor—. Somos cuerpos vivos, experimentamos dolor y pena, amamos, las emociones se apoderan constantemente de nosotros, pero también buscamos satisfacer nuestras necesidades, queremos conocernos y conocer lo que nos rodea, esperamos ser libres y vivir en paz. Pues bien: lo que se nos ofrece como mejor es un desarrollo de nuestros cuerpos, una intensificación de nuestros placeres, nuestros amores, nuestras emociones, cada vez más respuestas a nuestras necesidades, un mejor conocimiento de nosotros mismos y del mundo, progreso, crecimiento, aceleración, más libertad y una paz más segura. Es la fórmula de todas las promesas modernas, que ya no sabemos realmente si tenemos que creerlas: una intensificación de la producción, del consumo, de la comunicación, de nuestras percepciones, así como de nuestra emancipación. Encarnamos desde hace algunos siglos un cierto tipo de humanidad: hombres formados más para la búsqueda de la intensificación que para la trascendencia, como lo estaban los hombres en otras épocas y culturas.

Desde nuestra más temprana edad aprendemos a querer y a desear más de lo mismo. Y, paradójicamente, aprendemos al mismo tiempo a estar al acecho de la variación, de la novedad. Tanto en un caso como en otro, se nos enseña a no esperar nada que sea absoluto, eterno o perfecto: a lo que verdaderamente se nos anima es a desear la maximización de todo nuestro ser.

No hay nada abstracto en esta fórmula: es incluso nuestra condición más concreta y más trivial. Basta oír los mensajes que se nos dirigen todos los días de los productos que hay que consumir. En el mundo contemporáneo, cualquier mínima proposición de placer es una pequeña promesa de intensidad: la publicidad no es más que el lenguaje articulado de esa embriaguez de la sensación. Lo que se nos vende no es solo la satisfacción de nuestras necesidades, es la perspectiva de una percepción aumentada y de un progreso a la vez medible e inestimable de un cierto placer sensual. El chocolate («intenso 86%»), el alcohol («vodka intenso»), los helados («Magnum intenso»), los gustos y las fragancias y los perfumes son «intensos»; y así juzgamos también las experiencias, los momentos, las caras. Por un anglicismo cada vez más frecuente, se afirma incluso de algún personaje extraordinario que es «intenso». Se dice también de todo lo que se ha ingerido y es fuerte, repentino y original. Podríamos imaginar, por tanto, que la intensidad pertenece al vocabulario dominante del mundo comercial. Pero no solo. El término tiene de sorprendente que abunda en todos los campos. Los enemigos ideológicos que se enfrentan en el escenario de nuestro tiempo tienen al menos este ideal en común: la búsqueda de una intensidad existencial. Liberales, hedonistas, revolucionarios, fundamentalistas se oponen solo quizá en el sentido que pueda tener esa intensidad que nuestra existencia necesita. La sociedad de consumo y la cultura hedonista venden intensidades de vida, pero los más radicales, que se oponen a ese tipo de sociedad, también prometen intensidad, una intensidad incuantificable esta vez y que no se comercializa, un suplemento de alma que la sociedad de los bienes materiales no estaría en disposición de proporcionar a los individuos. El heroísmo revolucionario que regularmente se opuso al universo mercantil descansaba en la defensa de la «verdadera vida» intensa, contra el cálculo egoísta de los cuerpos y de las mentes. La poesía, la canción, las voces de la revolución, los discursos críticos que han intentado promover otras formas de vida siempre han reprochado a la civilización capitalista, esa civilización del cálculo universal, su incapacidad para suscitar la experiencia de uno mismo suficientemente intensa como para ser deseable y compartible. A las promesas ilusorias de experiencias fuertes pero monetarias se han opuesto sin cesar otras «vibraciones» (las *vibes* de los *hippies* y los *rastas)* u otros «fuegos fatuos» poéticos. La crítica a la vida normal occidental de baja intensidad existencial es común, de Rimbaud al surrealismo, de Thoreau al movimiento hippie, de Ivan Illich a *La insurrección que viene*. Es habitual, incluso, que se explique la aparición de comportamientos violentos y «desviados», sea el amok o el terrorismo, por un misterioso defecto de alma en la sociedad consumista, incapaz de dar a su juventud una intensidad de vida suficientemente estimulante. Imaginamos que los jóvenes que se han ido a la *yihad* han dado la espalda a una sociedad lúgubre y plana, que ya no tenía ningún fulgor existencial que ofrecerles. De manera que el ideal de intensidad no es solo propio del mundo liberal, sino también del de sus enemigos. La intensidad como valor superior de la existencia es lo que, todavía entre nosotros, mejor se comparte: es nuestra condición; es la condición humana heredada, tal vez, de la Modernidad. Basta plantear esta situación común para que aquellos que se expresan a favor o en contra de la sociedad liberal, producto de la Modernidad, discutan sobre *qué es lo que debería ser intenso:* la satisfacción de mis necesidades o mi compromiso incondicional a favor de una idea.

Pero, tanto en uno como en otro caso, ¿en qué consiste esa extraña intensidad interior de la vida que todos nos prometen? El sentimiento de que esa intensidad no podría ser vivida por cualquier otro. La convicción, incluso huidiza, de que soy yo realmente el sujeto de eso que vivo. Después de todo, si yo no estuviera seguro de un no-sé-qué que solo me pertenece a mí, otro podría perfectamente vivir mi vida, y yo podría llevar la vida de otro: todo el mundo es reemplazable. Desde fuera, las existencias pueden parecerse unas a otras. Pero lo que las diferencia es esa certeza interior de una fuerza que solo yo puedo medir. Esa certeza de que solo me pertenece a mí es lo que se me quisiera ofrecer, predicando o dando lecciones sobre el sentimiento de la verdadera vida.

¿En qué consiste la intensidad de mi sensación? Es algo de lo que no puedo informar a los demás, pero que me asegura, por esa misma razón, que mi sensación, por lo menos, es mía. Ese carácter irreductible de la intensidad le confiere toda su importancia, y difunde un aura de misterio y de evidencia a la vez (por intensidad se entiende la medida de lo que no se deja medir, la cantidad de lo que no se deja cuantificar, el valor de lo que no se deja evaluar). La intensidad resiste al cálculo, aunque permite la atribución subjetiva de una magnitud. Mientras que la Modernidad significaba la racionalización de los conocimientos, productos e intercambios, la matematización de lo real, el establecimiento de un plan de equivalencia entre todas las cosas intercambiables en un mercado, la intensidad ha llegado a designar, como compensación, el valor ético supremo de lo que se resiste a esta racionalización: la intensidad no es estrictamente irracional, pero tampoco puede reducirse a esas figuras de la racionalidad que son la objetividad, la identificación, la división en el espacio, el número, la cantidad. Poco a poco, la intensidad ha devenido en fetiche de la subjetividad, de la diferencia, de lo continuo, de lo incontable y de la pura cualidad.

En el terreno estético, moral o político, en un principio la intensidad sirvió como valor de resistencia y de expresión de todo lo que parece singular. Ha significado el carácter único de una sensación de embriaguez o de una experiencia deslumbrante, opuesta al seccionamiento y al lascado del ser del mundo por la racionalidad calculadora, clasificatoria y normativa. Y luego la intensidad se ha convertido ella misma en una norma: la norma de una comparación de cualquier cosa no en relación con otra, sino *en relación consigo misma*. Midiendo todo tipo de intensidades en nuestra existencia solo tratamos de evaluar la cantidad de sí misma que expresa cualquier cosa. Es el principio de un tipo de humanidad ligada al valor existencial de lo intenso. ¿Qué es lo que nos parece más hermoso ahora? Aquello que realiza intensamente su ser. Todos hablamos ese lenguaje de la intensidad. Todos juzgamos bella a una persona que asume sus características físicas, sus rasgos de carácter, que no intenta ser otra cosa, sino que intenta «realizarse» al máximo.

Para aquellos de entre nosotros que han aceptado heredar los dos o tres últimos siglos de historia de nuestros valores, este es el ideal más profundo: un ideal sin contenido, un ideal puramente formal. *Ser intensamente lo que se es.*

De esa manera, la «intensidad estética» ha eclipsado lentamente el canon clásico de la belleza. Soñado en gran parte por los que hoy lo añoran, ese canon suponía la correspondencia de una imagen con un ideal preexistente. Este ideal estaba gobernado por las leyes de simetría, armonía y agrado. Todas esas leyes parecieron desde el punto de vista moderno una violencia ilegítima infligida a la autonomía de la imagen, de la música o del texto. Ya no se trataba de juzgar el valor de una obra de arte según correspondiera o no, correctamente, con la idea de lo que debía ser. No; más bien se esperaba que un trabajo produjera una experiencia inédita y abrumadora en el espectador. Pensemos en los *happenings,* en el accionismo vienés, en el *Living Theatre.* En la mayor parte de las disciplinas artísticas, el objetivo consiste ahora, sobre todo, en superar la representación por el *shock* de la *presencia* de las cosas. Al espectador le interesa menos saborear una representación que sentirse estremecido por el exceso incontrolable de presencia de lo que se manifiesta ante él. Al mismo tiempo, él mismo llega a sentirse presente un poco más y un poco mejor: se estremece al encontrar el sentido perdido del *aquí* y del *ahora*. Y poco a poco se ha impuesto la idea de que una obra debería estimarse a la luz de sus propios principios. La estética moderna ha consistido en referir en lo posible una obra o una situación a sus reglas internas más que a las convenciones impuestas desde el exterior. Desde este punto de vista, nada es en absoluto comparable con lo que es otra cosa: una cara, un paisaje, un movimiento de los cuerpos no se miden por relación a un tipo predefinido de cara, paisaje o movimiento, sino por un espíritu que se calificará de «neoclásico» o «reaccionario», que busca todavía reglas o leyes de la belleza. Indudablemente, los seres pueden ser feos, desgraciados, inarmónicos o falsos a la luz de tal o cual norma cultural. Pero hemos sabido desde hace tiempo que esas normas varían. No son eternas: se construyen, se vuelven obsoletas, perecen. Lo que aquí se considera bello no lo es allí; lo que ahora lo es quizá ayer fue considerado feo, y lo será de nuevo mañana. Occidente ha aprendido o reaprendido con el Romanticismo a apreciar lo vulgar tanto como lo bello. Lo deforme puede convertirse en agraciado, lo grotesco en sublime. No hay un criterio absoluto del valor de una obra de arte que se deba al contenido. El artista puede extraer magnificencia del horror mismo. Del hastío puede hacer surgir una especie de alborozo o euforia paradójicos. De la falsedad y de la mentira, una especie de verdad.

Entonces, ¿cómo juzgar? Solo cuenta determinar si una cosa es *fuerte*. Incluso la debilidad puede ser amada, alabada, celebrada, si es *potentemente* débil. Si la mediocridad no está mediocremente lograda en una obra encuentra su justificación. Ya no hay un criterio objetivo del sentimiento estético moderno, solo un criterio que relaciona arte y manera: que algo sea lo que sea con tal de que lo sea con *intensidad*.

Esta intensidad no es más que el principio de la comparación sistemática de una cosa consigo misma. Es intenso lo que, con más o menos fuerza, es lo que es. Que sea espantoso, aterrador, provocativo, exigente, excitante, emocionante, melancólico, deprimente, audaz, impactante, repugnante, criminal, de pesadilla… nada está prohibido *a priori*. Lo que sea la cosa en cuestión no importa, desde el momento en que es lo más y lo mejor que puede ser.

Y esta simple idea ha orientado poco a poco nuestra conciencia, no solo estética sino también ética. A lo largo de la investigación que emprendemos aquí, intentaremos convencer al lector de que ese valor de intensidad ha pasado a ser el *ethos* de nuestra naturaleza humana. La intensidad gobierna y orienta lo esencial de nuestra concepción de lo que podemos hacer y de lo que debemos ser. ¿Qué vale una vida? Juzgar una existencia a la luz de un modelo moral se ha convertido para muchos, especialmente a partir del siglo XVIII, en algo conformista o incluso autoritario. La emancipación de los individuos desembocó en la intuición moderna de que la ética era esa elaboración que cada cual hace desde su propio punto de vista. No se juzga el proceso de una existencia comparándola con otra, no se impone una forma de vida que debiera parecerse a otra, que serviría de modelo impuesto. Sin embargo, y pese a todo, juzgamos acerca del valor ético de una vida humana. Tratamos constantemente de evaluar nuestra propia vida. Pero solo una ley preside el diagnóstico moderno en el que el sí mismo juzga de sí mismo: que lo que ha sido hecho lo haya hecho un corazón apasionado. Con toda evidencia, quedan valores morales (la dignidad, la lealtad, el respeto...), y con relación a ellos cada uno —según sus convicciones— considera los actos y la existencia entera de un hombre como buenos o malos. Pero a esta moral *exterior* se le añade complementariamente una especie de ética *interior,* que se introduce en el corazón de los hombres y que se refiere al valor de una vida en sí y por sí misma. ¿Es hermosa, buena, sabia o loca? ¿Es feliz? ¿Es la vida de un criminal, de un santo, de un inquietante desecho humano, de un ser mezquino, de un hombre común...? Poco importa. El único principio admitido parece ser el siguiente: cualesquiera que hayan sido las motivaciones y las acciones de este hombre, hay que preguntarse finalmente si vivió «a fondo», según esta expresión prosaica pero que enuncia con precisión lo que a partir de ahora se espera de nosotros. En todos los ámbitos, el único pecado verdadero es no tener intensidad. Se puede haber sido mediocremente flamante. Mejor haber sido flamantemente mediocre.

Las novelas, las películas, las canciones desde hace casi dos siglos, no dicen otra cosa: «Vive como quiera que vivas; ama comoquiera que ames, pero sobre todo

¡vive y ama tanto como puedas!», porque al final nada contará más que esa intensidad vital.

Ahora bien, eso que damos por sabido nos distingue, sin embargo, de otros tipos de humanidad, que reconocían como valor supremo de la existencia la superación de esta por un estado superior (vida después de la muerte, metempsicosis, gloria, eternidad) o su apaciguamiento mediante la extinción de las intensidades variables de la vida (la iluminación, el *nirvana,* la ataraxia). Parece que hemos pertenecido a un tipo de humanidad que se ha alejado de la contemplación y de la expectativa de un absoluto, de una trascendencia en cuanto sentido último de la existencia, para abrazar una especie de civilización cuya ética mayoritaria valora la fluctuación incesante del ser como principio de vida.

Quizá ya no seamos capaces de experimentar más que lo que es intenso, lo que aumenta o disminuye, lo que varía, por tanto. Puede ser incluso que eso sea precisamente lo que nos define.

Ciertamente, nuestra vida cultural democrática es la medida colectiva de estas energías variables: lo nuevo que sucede a lo nuevo, lo inédito y lo inaudito que el pensamiento crítico moderno persigue gracias a las propuestas de las revistas, los *blogs* y las redes sociales, al fluir de la moda y de la vida de las ideas, descartando lo ya visto, lo usual, lo rutinario... Corte y color del pelo, accesorios de moda, tallas, formas y tonos de la ropa, recetas, alcoholes, licores y cócteles, novelas, series de televisión y canciones, humor, rendimientos deportivos, parejas de famosos, ideas políticas, modelos de automóviles, todo está expuesto al vaivén de la excitación y del hastío, de la fulminación del hombre electrizado por la novedad y con el encefalograma plano del individuo apático. Esas tendencias, esas mareas ideológicas y estéticas diseñan en el espíritu de cada uno una sinuosidad infinita, que ciertos periódicos dibujan literalmente como lo que está arriba y abajo, lo mejor y lo peor, lo *in* y lo *out,* la alta o la baja intensidad de la cultura contemporánea. Esta ha aprendido a no juzgar con dogmatismos el valor intrínseco de las obras y de las ideas, pero sí juzga la fuerza relativa de todo cuanto aparece, explicando con gráficos lo que es *vieja gloria* o *nouvelle vague* y las tendencias ascendentes o descendentes, a compás de lo que cansa y de lo que emociona. La cultura moderna se ha adaptado a esa intensidad variable, a esa sinuosa electricidad social, a esa medida aproximativa del grado de excitación colectiva de los individuos.

La causa de la excitación es importante, por supuesto, pero lo que más cuenta es la excitación en sí. Solo este sentimiento de excitación permite aguantar una vida de principio a fin, salvándola de la amargura y del resentimiento. Se considera que quien no sabe cómo emocionarse está perdido: vive todavía, pero de alguna manera ha dejado de vivir interiormente. Lleva la existencia de un muerto. Se ha detenido en antiguos contenidos emotivos, que es incapaz de renovar. Se lo compadece.

Por tanto, admitamos más o menos que la vida moderna ha reconocido contenidos positivos: contenidos de creencias, contenidos de compromiso, de valores, de ideas, de campos o posiciones. ¿En qué crees tú? ¿Qué es lo que deseas? ¿Qué consideras justo? Hay criterios morales. Hay disputas políticas al respecto. Sin embargo, en la sociedad liberal se ha impuesto una norma de normas sobre la cual todo el mundo parece estar de acuerdo. Es a la vez muy simple y muy complicada de comprender. Es un valor ético superior, que se encarna en la sinusoide cultural o en la variación de la adrenalina individual, en la fluctuación del deseo, del placer, del dolor, de las convicciones, de las verdades y las costumbres, un flujo ininterrumpido que la simple palabra «intensidad» diseña a la vez en nuestros corazones y en nuestras mentes y orienta nuestras vidas. Es el criterio con el que medimos lo que valen nuestra vida íntima y nuestro tiempo: ¿Es eso suficiente? ¿Aumentará o disminuirá? Esa característica de intensidad no califica solo flujos o ciclos *locales;* también se utiliza para estimar la evolución general de la sociedad. De modo que podemos destacar dos términos del vocabulario de la intensidad que han servido como principios reguladores en la política y en la economía occidental desde el siglo XVIII: crecimiento y progreso. El progreso histórico se expresaba con la lucha por el fortalecimiento de ciertos valores políticos: la libertad, la igualdad. El progreso general de la humanidad se evaluaba de acuerdo con la intensificación de esa o aquella otra idea entre los humanos. El crecimiento económico significaba, por su parte, la variación positiva en la producción de bienes y servicios mercantiles, gracias a diversos indicadores, del gran *Tableau économique* de Quesnay al producto interior bruto, del índice de desarrollo humano al coeficiente de Gini. Yendo y viniendo al capricho de *booms* y de crisis, crecimiento y progreso parecían inacabables, sin término final posible. Ni uno ni otro guiaban al hombre al Paraíso, a la Ciudad de Dios o a un más allá. Indicaban solo un crecimiento, un desarrollo racional y la esperanza de un mejoramiento perpetuo del mundo de aquí abajo. Hemos actuado con el fin de variar, progresar y crecer indefinidamente, y ese ideal nos ha parecido el más justo. Incluso nos ha parecido el único aceptable. No suponía relacionar nuestra naturaleza humana con imágenes o ideas definitivas escritas en el cielo, sino solo reajustar la humanidad consigo misma, y fortalecer en ella lo que fuera más humano y mejor. En otras palabras, el hombre moderno ha actuado bajo el efecto de esta máxima implícita: compórtate con tu humanidad y con la de los demás de manera que hagas que la humanidad sea más humana y mejor. Intensifícala. Hazla progresar, hazla crecer en ti y en todos los demás.

Sin embargo, esa idea familiar para el espíritu moderno se vuelve desasosegante tan pronto como la aislamos y la contemplamos desde fuera; un sabio de la Antigüedad, una mente de la Edad Media, un habitante bajo la dinastía Han, un brahmán de la civilización védica, ¿habrían sometido, como hacemos nosotros, *todos sus valores* (estéticos, morales, políticos) a ese criterio de intensificación? Nada más lejos de ello. Lo absoluto, la eternidad, la verdad o la simplicidad probablemente habrían ganado como criterio final de juicio. Hemos heredado una forma de naturaleza humana que sospecha mucho de estos criterios clásicos, y que los ha reemplazado con la fetichización de la intensidad: eso que podemos esperar como lo mejor, eso que encontramos como lo más bello y más verdadero, eso en que creemos es la intensificación de lo que ya es. La intensificación del mundo, la intensificación de nuestras vidas: esa es la gran idea moderna. Lo cierto es que en esa idea de intensidad no hay, cuando la observamos de lejos, ni salvación ni sabiduría. No es la promesa de otra vida, de otro mundo. No es tampoco la perspectiva que existe en tantas culturas humanas de un equilibrio, una disminución o una abolición del yo: la extinción interior de las pasiones y de sus variaciones incesantes. La intensidad que nos lo promete todo en el mundo de hoy es un programa ético que susurra en voz baja en todos nuestros placeres y en todas nuestras penas: «Te prometo más de lo mismo. Te prometo *más vida*».

Este libro, por tanto, se centrará en imaginarnos desde fuera la condición en que se ha encontrado encerrada nuestra alma moderna: la perspectiva de salvación o de sabiduría se reemplazó por la estimulación o el progreso de todo nuestro ser, hasta su electrización. Nos representaremos esa intensidad como el horizonte insuperable de nuestros valores desde hace algunos siglos, como el principio secreto de nuestros juicios, nuestro inmenso *a priori* oculto.

Tal vez esa condición, esa forma rectora de todas nuestras ideas haya caducado ya. El simple hecho de que podamos representárnosla desde fuera, ¿no es ya signo de que estamos casi fuera? Al menos debemos entender cómo entramos en ella una vez.

UNA IMAGEN. LO QUE LA ELECTRICIDAD
LE HA HECHO AL PENSAMIENTO

*El beso de Leipzig*

¿De dónde nos vino esa excitación?

A lo largo de casi un siglo, se escribieron innumerables intentos de explicación del magnetismo y luego, tras la introducción de la palabra «electricidad» (en griego antiguo, *elektron* significa «ámbar») en el idioma, hacia 1600, no cesó de crecer entre los estudiosos el interés por ese extraño fenómeno natural. Se construyó la máquina de Hauksbee y se experimentaba frotando globos de vidrio y barritas de resina.

Y luego, en la década de 1740, el fenómeno pasa a ser en los salones europeos, en especial en los germánicos, un asunto de atracción popular. Fascinado por los experimentos de Hauksbee y los escritos de Dufay, un joven poeta y físico de Leipzig, Georg Mathias Bose, concibe una serie de proezas técnicas destinadas a impresionar a un público de respetables damas y caballeros que se apresuraban a admirar el espectáculo de este nuevo fuego, que surgía espontáneamente de la materia, al que se le da el nombre de «fluido eléctrico». ¿En qué consiste el dispositivo? Bose invita a los presentes a compartir su mesa. Previamente ha aislado todo el mueble y su propia silla. Con discreción, el aprendiz de brujo toca por debajo del tablero un delgado cable de cobre conectado a un generador oculto, accionado por un cómplice; luego, con gesto grave, coloca la mano plana sobre la mesa. La corriente pasa, sube por el brazo, que los invitados educadamente han apoyado sobre esa misma mesa, y todos se miran aterrados, encantados, asombrados y desgreñados, invadidos por miles de chispas crepitando en su cabello. «¡Maravilloso!», exclaman. Unos meses más tarde, Bose inventa una máquina para beatificar mecánicamente: el «santo» se sienta en una silla aislada, con la parte superior del cráneo cubierta con un pequeño sombrero puntiagudo de metal, bajo una especie de corona de Baratillo, y la corriente se transmite por un largo cable que cuelga hasta una placa metálica, situada apenas a un centímetro más arriba que la corona, produciendo un crepitar de chispas que dibuja una aureola sobre la cabeza del hombre santificado por la ciencia y paralizado por la sorpresa.

Bose llega a inventar una atracción llamada «el beso eléctrico de Leipzig», de la que ofrece una descripción lírica en su poema *Venus electrificata*. Una joven hermosa, previamente aislada de la corriente, está conectada al generador primario de Bose, con los labios cubiertos de una sustancia conductora. Se invita a un miembro honorable de la audiencia a levantarse y a besar a la joven. El hombre, de unos veinte años, al acercar sus labios temblorosos a los de Venus es alcanzado por una violenta descarga: el público asombrado ve el fulgor de un relámpago entre las bocas de ambos jóvenes. El hombre, como herido literalmente por un rayo, queda aturdido por un instante: la potencia de la electricidad, del fuego que emana de la mujer, le ha cortado la respiración. «¡El castigo vino de muy cerca, me temblaban los labios. Retorcía la boca; casi se quiebran los dientes!».

Bose, el profesor de matemáticas Hausen y su joven colega de lenguas orientales, Winkler, incendian Leipzig con sus audaces experimentos, al límite entre la física y la perorata enfática; en esa época, el Hada Electricidad es todavía una diversión mágica de la ciencia, una promesa irracional de la razón. Pronto los juegos serán reemplazados por teorías; por el momento, los efluvios de ese fluido sutil que incendia el aire caldean las mentes europeas y dibujan una nueva imagen del deseo humano. «Estáis ahora, *madame*, llena de fuego, un fuego de la especie más pura, que no os causará dolor mientras lo mantengáis en vuestro pecho, pero os hará sufrir tan pronto como se lo comuniquéis a otros». La deseabilidad de la joven se identifica con este fuego interno, latente y quizá culpable, que solo se revela al contactar con el pretendiente, con el hombre que trata de besarla; el deseo sensual es como una energía eléctrica y, a la inversa, la electricidad es como una libido natural de toda la materia, que solo espera a su pretendiente —el hombre— para manifestarse. La electricidad, a imagen del deseo, no carece de peligro, pero produce el estremecimiento de una intensidad nueva, la de un «fluido imponderable». De este fluido no conocemos aún su naturaleza ni los posibles usos. Para esas primeras manifestaciones de la energía electrostática, los cuerpos humanos sirven de conductores principales. Algo pasa, por tanto, como un estremecimiento eléctrico, a través de los cuerpos, que manifiesta la potencia oculta de ciertos objetos para repelerse o para atraerse, para dar calor, para desprender chispas o para producir una descarga combinada de energía y luz. Pronto el cuerpo humano será reemplazado por el metal. Se aleja la carne, los músculos y los nervios de ese impulso misterioso. Se le sitúa de nuevo en las cosas, y se construyen los primeros generadores electrostáticos, las botellas de Leyden, los cilindros con batería y los condensadores de mil botellas.

Pero la electricidad ha pasado al hombre. Permanecerá siempre como una especie de euforia, que el espíritu moderno cultivará. Como sangre en las venas de la sociedad, la luz eléctrica se ha propagado a la ciencia óptica y ha transportado a las pantallas las imágenes fabulosas del cinematógrafo; ha roto la imagen en mil pedazos de luz, la ha descompuesto y codificado en impulsos cortos, transmisibles a distancia, y ha favorecido la difusión de la televisión; ha invadido toda la información, imágenes, textos y sonidos, y se ha puesto al servicio de la electrónica; ha encendido las farolas en las calles de las capitales, las lámparas al lado de la cama de los niños que leen tarde por la noche; ha alimentado el motor infatigable del crecimiento y del progreso; ha exigido la construcción de presas, generadores, plantas de energía, turbinas de viento; ha puesto en movimiento todo o casi todo, hasta el punto de que el hombre, sin darse cuenta siquiera, se ha convertido en el médium viviente entre entidades (cables, teléfonos, aparatos de radio, marcapasos...), cuya naturaleza eléctrica ha olvidado poco a poco, pero cuya idea no ha cesado de atravesarlo, como si el beso de Leipzig, que sellaba la alianza moderna entre el deseo y la electricidad, nunca hubiera cesado.

*La promesa de la Ilustración eléctrica*

De las mil posibles definiciones de Modernidad, nos decidimos por la siguiente, que podemos considerar la más simple y concreta: la Modernidad es la domesticación de la corriente eléctrica. La aparición en el siglo XVIII de un movimiento sin precedentes de investigaciones, de experiencias a la vez eruditas y embaucadoras, de escenificaciones incongruentes y apasionadas de las posibles aplicaciones de esa nueva energía han hecho de la electricidad la figura central de la Modernidad como conjuro mágico de la razón. Porque la electricidad, antes de ser la humilde sierva de la industrialización y convertirse en la sierva de la electrónica y de las tecnologías de la información, se presentó primero ante la Europa curiosa como una inmensa esperanza que hizo que las multitudes se extasiaran: no solo la electricidad posibilitaba transformarlo todo, sino que además parecía autorizar a entenderlo todo, sobre la naturaleza y sobre el hombre, a la luz de una nueva energía. Citando los trabajos de Daniel Roche, André Guillerme lo resume así: «La electricidad es, en el último tercio del siglo XVIII, más que una ciencia popular, más que una nueva ciencia física y médica, una ciencia social de la Ilustración. A un tiempo mecánica, química, militar, biológica, psíquica, farmacológica, filosófica, meteorológica, económica —¿no tuvo Galvani la ambición de descubrir en los nervios el motor de la economía animal?—, incluso mineralógica, agronómica, la electricidad cruza todos los campos del conocimiento y galvaniza el espacio público; propone una nueva imagen del hombre y desempeña el papel de un "indicador sensible de todos esos movimientos" que trastornan en ese momento la sociedad occidental».

El revolucionario francés Barbaroux dedica a este «nuevo indicador» estos versos enfáticos: «Oh fuego sutil, alma del mundo, benéfica electricidad, / tú llenas el aire, la tierra, el mar, el cielo y su inmensidad». Un siglo después, Dufy, en su pintura *La fée électricité* («El hada electricidad»), recupera esos tonos vivos y esos acentos ingenuos de los espíritus que loan el increíble descubrimiento de la electricidad, que ven en ella la fuerza motriz de la Modernidad, que libera a los hombres de tareas antediluvianas (limpiar, lavar, calentar, cocinar...) y que permite incrementar y afinar la visión o la audición, transmitir y aumentar la energía natural del cuerpo humano; si los tiempos modernos han sido la expresión, durante varios siglos, de un movimiento colectivo de entusiasmo que aunaba la confianza en el progreso con la esperanza de una emancipación definitiva de la humanidad, la fe en la tecnología y el proyecto de conocer la totalidad del hombre y del mundo a partir de un puñado de principios verificables, la fascinación por la electricidad ha sido ciertamente el primer motor de ese entusiasmo. La electricidad reconcilia teoría y práctica: a la vez actúa y explica. En un ensayo que data de 1786, el conde de Tressan ve en el fluido eléctrico lo que él llama un «agente universal» y, cuatro años más tarde, Roucher-Deratte lo eleva al rango de principio de vida: el fluido eléctrico animal, que es el análogo observable por la ciencia del alma de los metafísicos, estaría compuesto a partes iguales de electricidad y gas animal. Este fluido determina la fuerza vital y, quién sabe, la libido: uno de los personajes de la novela *Illyrine,* de Madame de Morency, no sabe resistirse a la «mano eléctrica» del deseo. La impalpable energía erótica encuentra así una forma física. Pero el príncipe de Ligne o el conde de Maistre explican igualmente la disciplina militar y la emulación guerrera por la electrización. Chénier describe el entusiasmo de una sala de espectáculos por la «electricidad teatral». Sade, por su parte, echa mano del vocabulario eléctrico para redefinir incluso los términos de la moral. A finales del siglo XVIII, el diccionario de neologismos de Snetlage anota que el uso del adjetivo «eléctrico», que solo se aplicaba a cuerpos observables, se generalizó a los movimientos y a las conmociones del alma misma, y propone como ilustración la frase: «El fuego eléctrico que inflama todos los corazones de los soldados que luchan por la libertad».

Como mostró Michel Delon en *L'idée d'énergie au tournant des Lumièrs* («La idea de energía a finales de la Ilustración», 1988), la atención al fenómeno eléctrico permite repensar el *enlightment,* en su sentido literal, como un iluminismo (Ilustración). La Europa moderna se vio traspasada, como los espectadores de la experiencia de la *Venus electrificata* de Leipzig, por un *shock,* un deseo y una formidable promesa de iluminación: las calles, las casas, las fábricas, pero también los corazones y las conciencias iban a encenderse con la energía de las tormentas, que antes se pensaban reservadas a Júpiter, el señor del rayo. Y el hombre robaría por segunda vez el fuego a los dioses: pero esta vez se trataría del fluido eléctrico.


*El mismo fluido corre por el ámbar,*
*la tormenta y nuestros nervios*

Sabemos muy bien qué debe la civilización material a la electricidad, pero nos preguntamos bastante menos cómo ha repercutido la electricidad en el pensamiento y en la moral del hombre.

Su efecto más importante no es quizá el más evidente. Atañe a la imagen vislumbrada de la posible reunificación de lo que había sido separado por los saberes: la materia, la vida y el pensamiento, atravesados por igual por la corriente eléctrica, podrían concebirse de nuevo como momentos de una misma continuidad, y no como una sucesión de estados o reinos absolutamente separados. Desde tiempo atrás se sabía que la naturaleza inorgánica estaba saturada de electricidad; el ámbar y el rayo eran los síntomas visibles de este hecho, pero se descubrió que todo cuerpo sensible era nervioso, y que la información de la sensibilidad, del dolor y del placer en un organismo se comunicaba por la circulación del mismo fluido sutil —la electricidad—, que brotaba cuando se frotaba el ámbar o cuando estallaban las tormentas. Extrapolando a partir de los trabajos de La Caze, el artículo «Generación» de la *Encyclopédie* discute la hipótesis de una «materia eléctrica» oculta, activa en el semen del hombre y en el vientre de la mujer. Marat estima, en sus investigaciones físicas sobre la electricidad, que esta energía eléctrica es el «agente general» de la naturaleza: es la fuerza que la recorre, la pone en movimiento y se difunde por todo lo que vibra, sufre y siente.

Vivir, por tanto, era ser eléctrico.

Ya en la década de 1780, Bertholon evoca la idea de una «electricidad animal» y una «electricidad humana», pero es el panfleto del científico italiano Galvani, *De viribus electricitatis in motu musculari commentarius* («Comentario sobre las fuerzas de la electricidad en el movimiento muscular»), publicado en 1791, el que propaga por toda la Europa erudita (fue un éxito editorial considerable) la hipótesis revolucionaria de una naturaleza eléctrica de las causas del movimiento muscular y nervioso de los organismos animales. En lugar de recurrir a la hipótesis generalmente admitida de los espíritus animales, enunciada en particular por Haller y los halleristas, que estudiaban la «irritabilidad fisiológica», Galvani, utilizando ranas como cobayas, contrapone la nueva electricidad a los antiguos espíritus animales.

La idea de la electricidad como fuerza vital no resistirá mucho tiempo el análisis. Sin embargo, Volta, convertido a las ideas galvánicas, se pregunta si la rana no es simplemente un tipo de botella de Leyden, y si es posible sumar o sustraer la electricidad producida artificialmente por un condensador y la del animal, musculosa y nerviosa. Sus investigaciones lo llevan pronto a defender contra Galvani el poder electromotor de los metales. La invención de su pila, que abre el camino a una nueva fuente de energía —en este caso la energía química producida por el contacto de los metales—, ofrece una sólida credibilidad a los seguidores de Volta: la electricidad, en esta concepción, es un fenómeno del mundo inorgánico que se comunica ciertamente a los seres vivos, pero que no es el principio fundamental de la sensibilidad de los organismos. La electricidad no es la esencia de la vida, sino una energía compartida por lo orgánico y lo inorgánico. Es exactamente lo que pensamos hoy: no se trata, por supuesto, de una fuerza vital. Sin embargo, subsanando las debilidades del mesmerismo esotérico, el galvanismo instaló en el espíritu europeo una concepción quimérica: la de una electricidad biológica. ¿Y por qué no? Una nueva armonía podría esperarse, de ese modo, entre la materia y la vida.

La electricidad animal, o el magnetismo animal, es decir, el descubrimiento de la naturaleza eléctrica de lo que transcurre por los nervios de los organismos provistos de sensibilidad hasta el cerebro, servirá de caballo de Troya de la intensidad en la vida y en el pensamiento. Porque es sensible, la vida es nerviosa, y, si es nerviosa, es eléctrica. El pensamiento, puesto que es cerebral, es nervioso, y por lo mismo también eléctrico. Pronto se aprenderá a medir las diferencias de potencial eléctrico en la superficie del cráneo humano, ofreciendo por primera vez un acceso, por mediación del electroencefalograma, a una representación de la actividad cerebral.

El fascinante descubrimiento de la electricidad no solo ha condicionado el desarrollo moderno de las técnicas, los métodos de producción y reproducción; ha transformado el pensamiento más abstracto al revelarle algo de su naturaleza común con la vida sensitiva, y de esta con la materia insensible. La «electricidad» era el nombre de esta corriente natural —una imagen de la fantasía tanto como una realidad—, que al mismo tiempo explicaba el magnetismo, la vida sensible y el funcionamiento concreto de la mente por el flujo de un fluido o de un fuego natural.

*La medición de la corriente*

La corriente eléctrica se apareció primero a la imaginación bajo la forma de un fluido oculto, en parte velado a la percepción del hombre: una especie de río vivo, intangible e invisible, fluyendo secretamente en el corazón de la materia y la vida, y que revela sus cualidades latentes, su fuerza y su poder explosivo solo si logramos desviarlo a beneficio nuestro gracias a dispositivos experimentales —igual que el hombre primitivo había aprendido a aprovechar el movimiento del agua.

Durante mucho tiempo, el agua que fluye ha servido como excelente imagen del devenir. Todas las cosas fluían como el río, ese flujo incesante que la mano humana no puede detener: es el río de Heráclito («No nos bañamos dos veces en el mismo río»); es el río de Lao-Tse, que siempre acaba llevándose aguas abajo al enemigo; es también el curso tormentoso de un torrente, que Maquiavelo compara con la fortuna, que se puede contener con un dique, pero que muy pronto lo sorteará; es el modelo de la cascada, opuesta al peñasco impasible, en la pintura china clásica de la dinastía Song.

De todas las cosas visibles, a escala humana, el agua que fluye era también la que mejor manifestaba la impermanencia, el paso y al mismo tiempo el poder de lo que deviene. Ese poder se debía a la capacidad del agua de tomar todas las formas, de vencer casi cualquier resistencia por su fluidez.

Y cuando fue necesario empezar a representarse por primera vez la electricidad, de la que solo se percibían directamente algunos efectos espectaculares, se impuso la imagen del agua. La electricidad se convirtió en un tipo de agua invisible, anidada en el corazón mismo de la materia y calificada al principio como «fluido sutil»: un agua de fuego que mezclaba las cualidades de aquella (movimiento y fluidez) con las de este último (calor y luz) para formar una energía nunca vista. Y como la imagen del agua que fluye siempre iba unida a las representaciones del devenir, del cambio perpetuo, la corriente eléctrica cargó, muy a su pesar, con esta connotación y se convirtió sin que nadie se diera cuenta en el nuevo emblema del devenir universal. Llegó a serlo indirectamente, por medio de una de sus primeras cualidades medibles, comparada con la del agua de los ríos: la intensidad.

Se sabe que, desde los primeros años de interés por el magnetismo, la «ciencia madre» de la hidrología sirvió de modelo para la concepción y la medida de los fluidos imponderables y los semifluidos. La electricidad era el flujo de algo casi invisible —a diferencia del agua—, pero similar en su comportamiento. Se planteaba, pues, la cuestión, como en hidrología, de la conservación de la energía de ese flujo. Se inquiría también por sus efectos característicos, es decir, por la conducción o la resistencia a este flujo, según la naturaleza del medio. Midiendo con cada vez mayor precisión la carga, el impulso, el consumo o el flujo, el potencial, los polos y el voltaje de esa corriente, se mantuvo la metáfora hidráulica: lo que se decidió llamar «intensidad eléctrica» no era nada muy diferente, aparentemente, del flujo de la corriente de un río. Igual que la diferencia de altura entre el punto más alto y el punto más bajo de un curso de agua, en una sección de igual ancho y profundidad, permite calcular la cantidad de agua que fluye por un corte imaginario en la parte inferior de la pendiente, la diferencia de carga entre los dos extremos de un circuito permite estimar la cantidad de cargas negativas o positivas que circulan por un punto determinado en un tiempo determinado. Por convención, se decidió definir así el flujo de carga eléctrica por una superficie determinada, por ejemplo, una sección de cable eléctrico: la intensidad de flujo, medida en amperios, es igual a un delta de carga eléctrica referido a un delta de tiempo, asumiendo que un amperio corresponde a un flujo de carga de un culombio por segundo, es decir, al paso, por un punto dado, de $6{,}24150962915265 \times 10^{18}$ cargas elementales durante un solo segundo.

Por tanto, por «intensidad» se entiende, a partir de ese momento, una doble diferencia: una diferencia de carga en una diferencia de tiempo. Esa concepción significa que solo hay intensidad en el tiempo: toda intensidad es una variación entre dos instantes. La intensidad no es instantánea. Esta definición indica también que lo que mide la variación temporal es una segunda variación: la variación de una cualidad oculta, no directamente accesible a la percepción humana, de la materia —su carga—. La intensidad eléctrica ya no designa solo un *shock,* un fulgor natural, sino la medida cuantificable de ese fulgor.

*La imagen de una idea*

El descubrimiento y la exploración del fenómeno eléctrico habían cargado la materia con un sueño y una imagen de algo irreductiblemente intenso inscrito directamente en las cosas, de una energía inherente a la materia, que habría sido el agente universal de la vida; pero la idea de una intensidad pura vislumbrada con ocasión de la revelación de la corriente eléctrica, en los primeros experimentos eléctricos del siglo XVIII, pronto dio paso a una ciencia que medía con precisión la corriente eléctrica, reduciendo su poder mágico al flujo cuantificable de partículas en un tiempo dado.

La corriente eléctrica decepcionó las esperanzas de que ella podía explicarlo todo permaneciendo a su vez inexplicable: expresada en términos de cantidades, analizada, descompuesta, ganaba en realidad física lo que perdía como idea metafísica.

La idea de la electricidad como agente universal de la naturaleza, como principio de explicación del devenir y de la vida, como motor esencial de todo lo que vive, de todo lo que siente y sufre, estaba destinada a decepcionar, como toda idea de un principio energético metafísico de explicación del mundo, una vez confrontado con su transcripción material. Como el *qì*, el *prāṇa*, el impulso vital, el *pneuma*, como todas las almas del mundo, el fluido sutil de la electricidad fracasaba en la posibilidad de sobrevivir a la vez como idea metafísica y como entidad física. Al convertirse por completo en una de ellas, tenía que dejar de ser la otra. Y como la intensidad de la corriente eléctrica era de gran utilidad una vez convertida en una magnitud medible, cesó casi instantáneamente de representar la promesa de un re-encantamiento del mundo y el principio de una unidad de la naturaleza, de una reunificación mágica de lo que es, de lo que vive y de lo que piensa.

Las promesas de la electricidad —no como fuente de energía, sino como una idea que reconfiguraba todo lo que sabíamos sobre la naturaleza y el hombre— eran muy frágiles tomadas como tesis; equivalían esencial-mente a representaciones, populares o académicas, a una impresión sumamente imprecisa, a una especie de im-pulso infantil y febril, como había sido el del público que asistía a la experiencia de la *Venus electrificata*: feliz por sentirse arrebatado por un fenómeno físico que se presentaba como un truco de magia, un truco ilusionista de la propia naturaleza.

Porque la electricidad en cuanto pura intensidad no era primeramente una idea, era una imagen. La imagen de una carga, de una naturaleza cognoscible y suscep-tible de ser domesticada, pero todavía animada, de algo salvaje, irreductible, lleno de una fuerza electromagné-tica, que se ajustaba a una diferencia de potencial ins-crita en los elementos del mundo físico. Había cualidad pura en la materia sobrecargada, una especie de cualidad salvaje, y pese a ello, la intensidad, que era resultado de ella, no era irracional: se podía observar, estimar. Por debajo de lo que los sentidos del hombre percibían del mundo natural, subsistía una realidad intensiva de la materia que sorprendía a la imaginación. Más aún: esta intensidad eléctrica que atravesaba ciertas porciones del ser material definía también la sensibilidad, la nervosidad de lo vivo. Y más incluso, esta intensidad pasaba al cerebro y, por tanto, al pensamiento. ¡La naturaleza no estaba muerta! Vivía de un principio violento que el hombre moderno podía admirar, como los primeros hombres hipnotizados por el misterio del fuego, y que a su vez tenía la esperanza de poder domesticar.

Esta es la imagen imprecisa que entusiasmó a Europa y que puso en marcha el proyecto moderno, porque es ella, tras el proyecto de racionalización del movimiento y de la materia, la que hizo que el mundo no fuera solo pensable y cognoscible, sino también habitable. Sin intensidad, el mundo podría ser racionalmente pensado, pero para vivir no ofrecía otra perspectiva que una depresión general del ser, resultado de una lenta historia de la metafísica y de la física europeas que racionalizaban el espacio, el movimiento, la materia y la energía de todas las cosas. De esa idea de cálculo universal, la imagen fulminante y fantasmática de una corriente eléctrica y de su intensidad deseable salvó al espíritu moderno amenazado por la depresión de la razón. La electricidad era el síntoma del poder reprimido de la naturaleza y de nuestra naturaleza, a la vez domesticable e indómita, a la vez identificable y siempre diferente: intensa.

UNA IDEA. PARA COMPARAR
UNA COSA CONSIGO MISMA

*Mediante la potencia*

En mi paseo veo aparecer los primeros rayos del día. Todo resplandece. Un par de minutos antes del amanecer, los tonos oscuros del paisaje habían cambiado. En la penumbra, las formas más o menos definidas más que tomar un color diferente revelaban tonalidades más precisas; de modo que los grises, los ocres y los verdes me parecían más agudos y más precisos. Pronto, sin que me sea posible decidir en qué instante, ha empezado la metamorfosis diaria y la claridad se ha extendido desde el horizonte hacia la llanura; el aire mismo iba siendo cada vez más brillante. Los ruidos de los animales, sobre todo el canto de los pájaros, se oían también con más fuerza. No había aparecido nada nuevo, pero todo me parecía transfigurado: el mundo surgido a mi alrededor era el mismo, pero su luz era más intensa. Reconstruyendo la escena, puedo representarme perfectamente una sucesión de estados de todo mi entorno, ordenados por el grado de claridad; pero entonces, desgraciadamente, pierdo el sentido del devenir y de la continuidad porque no son varios paisajes que se hayan sucedido unos a otros, sino un único paisaje que, sin devenir otro, ha ido ganando claridad. También puedo imaginarme un único paisaje en movimiento, una imagen única desde el principio hasta el final de la secuencia. Esfuerzo baldío: entonces ya no consigo comparar el paisaje casi del todo oscuro del principio con el paisaje vivo y radiante de apenas unos minutos más tarde: para medir su diferencia, debo distinguirlos.

Lo mismo pasa con todo lo que se me presenta como una variación: sometido a dolores de cabeza persistentes, punzantes, cuya fuerza va creciendo, siento con toda evidencia la intensidad de este dolor, pero apenas logro pensarlo. ¿Por qué? Si trato de evaluar el sufrimiento añadido que me taladra desde que desperté, necesito, mediante una operación de sustracción mental, representarme mi dolor actual y quitarle el dolor de entonces: el resto obtenido es el grado de dolor adicional que he ganado en el intervalo. Para eso, debo separar ambos dolores y compararlos externamente, tal como se compara un hombre alto con otro más bajo. Y a partir de ese instante, ya no consigo pensar en la intensificación de mi sufrimiento porque, entre dos elementos externos uno al otro, no hay variación de intensidad, sino solo una diferencia de extensión: un dolor es más fuerte que el otro, como el primer hombre es más alto que su vecino o una parte del espacio más extensa que otra. Si, por el contrario, me niego a escindir mi sufrimiento, me veo incapaz de pensar la diferencia de intensidad que quería estimar: si mi sufrimiento es el mismo desde las primeras horas de la mañana hasta ahora, entonces ahora no puedo sentirlo como más fuerte y antes como más débil. Permanece idéntico.

La idea puede parecer oscura. ¿Por qué debo fraccionar en conceptos aquello que se impone de una forma continuada y con evidencia a mi percepción? No tengo necesidad de pensarlo, la siento: algo varía, cambia, deviene. Sin embargo, una de las tareas más importantes de un ser pensante y una de las mayores dificultades que este encuentra es precisamente esta: dar cuenta y razón con palabras no de la comparación de una cosa con otra, *sino con esa cosa misma*. La experiencia primordial de un cuerpo vivo, que siente alrededor suyo el cambio, consiste en una serie incalculable de minúsculas operaciones por las que una entidad, por la intermediación de nuestra memoria, está referida constantemente a lo que era, y nos parece algo mayor, algo menos gruesa, en todo caso diferente de lo que era; es lo que nos pasa con el niño que ha crecido desde la última vez que lo vimos, el amor que empieza, el mar que sube, el árbol talado al final del invierno. Pero las cualidades de estas cosas fluctúan igualmente: la luminosidad se vuelve más débil, el frío aumenta, el volumen del ruido de la fiesta disminuye. Y, puesto que hablo, hay que poder pensar y expresar esa modulación que percibo.

Ahora bien, la idea que primero se impuso en el pensamiento de tradición occidental para conceptualizar la variación de lo mismo es la de *potencia*. La *dynamis* griega, tal como la define Aristóteles, fue ante todo un extraordinario instrumento de comparación de un ser consigo mismo.

Los brotes nuevos o el niño son lo que son, pero están también en potencia de ser lo que serán. La potencia, la *dynamis* griega, ha servido así durante siglos de herramienta cardinal de la filosofía occidental con el único propósito de poner a un sujeto en relación consigo mismo: forma inyectada en el interior de las cosas, la potencia era, podríamos resumir, el «gradiente interno» de todo lo que es. Como toda cosa contiene en sí la idea de su realización (su culminación en acto), el pensamiento griego, luego cristiano, se dotó de un instrumento de medida para hacer posible que el entendimiento y la percepción pudieran comparar lo que era esa cosa que estaba ahí, frente a mí, con su forma perfecta, que ella llevaba idealmente en su interior y que podía convertir en acto. En el bloque de mármol podía yo entrever de antemano todo lo que esa piedra podía llegar a ser —en algún caso, la más bella de las estatuas—, igual que en el brote reciente podía adivinar la flor espléndida y en el niño al hombre maduro, situando así mentalmente cada entidad singular del mundo en una especie de escala interior que las acompañaba a todas, para determinar en qué nivel de cumplimiento de sí misma y de su propio *eidos* (es decir, de su forma ideal) se encontraba cada cosa.

Comprendemos fácilmente hasta qué punto la cosmología heredada de Aristóteles permitía al ojo y al entendimiento humano controlar las intensidades, físicas o mentales, es decir, ordenar el caos en su entorno y en sí mismo según el *más* o el *menos* de la potencia de cada cosa.

Como todo ser natural contenía ese modelo interno e ideal, nada estaba abandonado a su propia suerte: yo mismo, para orientarme en mi existencia, tenía la oportunidad de situarme año tras año en una cierta escala íntima, encerrada en mi ser, cuyo grado máximo indicaba mi plena realización en acto, y en la que yo ocupaba en cada momento un grado intermedio. La potencia era esa gradación de intensidades de sí mismo que todo ser lleva en sí como su identidad más esencial. Bajo influencia aristotélica, los seres han llevado de este modo sobre sus espaldas, hasta la edad clásica, una increíble carga de intensidad interior: el árbol, el hombre, la estatua contenían en el fondo del ser su idea, es decir, su grado máximo de realización, y el pensamiento podía relacionarlos con este estado máximo de realización; pensar no era otra cosa que medir constantemente la distancia que separaba la cosa actual de la cosa ideal y finalizada.

*Más o menos*

Sin embargo, no basta pensar el progreso de todo ser natural por su relación con su idea. La evaluación del grado de perfección de cada sustancia es un problema; la medida de la simple variación de las cualidades de esa sustancia es otro: la luminosidad, la blancura de una superficie puede aumentar o disminuir incesantemente; percibo sus modulaciones, pero ¿cómo *pensarlas?*

El proceso por el cual la luz se vuelve más o menos fuerte, más o menos clara, no parece ser en absoluto de carácter extensivo. Calificamos como «extensiva» una relación comparativa entre cosas distintas, en la medida en que hablamos de una relación puramente exterior: a lo más pequeño le agregamos una cantidad de materia o de espacio, de la misma manera que 1 se une a 4 para sumar 5. Pero la intensidad, a la que nunca le da ese nombre Aristóteles, y cuyo concepto sigue siendo vago hasta la Edad Media, representa un extraño desafío para el pensamiento: una figura totalmente familiar de cambio, que presupone sin embargo un cambio *no extensivo* de las cualidades. Algo que, cambiando, no se extiende, ni se reduce, ni se convierte en otra cosa. Algo a lo que nada se agrega desde fuera, pero que, desde dentro, parece crecer o disminuir, mientras persiste siendo lo que es. Se trata de la misma luz, que es más o menos clara. En los textos aristotélicos se habla tanto de afecciones de los cuerpos (el calor o la luz) como de afecciones del espíritu (la ira, la envidia en un espíritu son más o menos grandes). ¿Qué es lo que permite, se pregunta a menudo Aristóteles, medir tal variación, ese *más* o ese *menos,* que no implica ningún añadido por partes, ninguna disminución o ningún aumento extrínsecos? ¿Cómo comparar, por tanto, una cualidad consigo misma y cómo encontrarla a la vez idéntica y «siendo más o menos lo que es»?

Cuando una pared blanquea cada vez más, cuando un paisaje se ilumina más y más, cuando estoy cada vez más nervioso, en realidad, ni la pared, ni el paisaje, ni yo cambiamos. El soporte del ser, es decir, la sustancia, no es susceptible de variación cualitativa. Pero en este sustentáculo invariable del ser que es la sustancia, ciertas cualidades que se amparan en ese sustentáculo —como el color, el peso, la temperatura o las pasiones— van y vienen.

Comprender cómo algo se vuelve más o menos cálido, más o menos claro, más o menos difícil, más o menos justo es dar cuenta y razón de cómo las cualidades experimentan «intensificación» (aumento) o «remisión» (disminución), y reanudar la reflexión iniciada por Aristóteles en las *Categorías:* «Una vez más, decimos de una cosa que es más o menos, que es esto o aquello, dicho siempre de ella misma; del cuerpo que es blanco decimos que lo es más ahora que antes». Para Aristóteles, intensificación y remisión eran sin duda un tipo de alteración limitada que no hacía cambiar de especie al objeto. Por «alteración» entendía el cambio por el que una cosa se convierte en otra. Ahora bien, en los casos que nos ocupan, la cosa permanece siendo ella misma, aunque gana o pierde intensidad en una de sus cualidades. A la vez, una cosa es idéntica y cambia.

Parece que Aristóteles resolvió esta paradoja usando de nuevo las categorías de potencia y acto: una variación en la intensidad de una cualidad corresponde a una función inversa por la que, cuanto más en potencia está lo contrario de la cualidad, más actualizada está esa cualidad. En otras palabras: si la oscuridad de la pared es cada vez menos real, pero cada vez más posible, la claridad de la pared deviene cada vez más real, y por tanto cada vez menos posible. La potencia era, pues, el principio de la explicación no solo de la variación en perfección de todos los seres naturales, sino también de las variaciones de intensidad de sus cualidades. Gran parte de los saberes griegos, latinos, cristianos, árabomusulmanes ha descansado en esta idea, que permitió racionalizar la identidad y el cambio.

Pero luego este principio ya no pareció satisfactorio.

La historia de lo que se llama la *latitudo formarum,* «la holgura de las formas», hace posible comprender cómo, en la filosofía medieval, el problema de la *intensio* y de la *remissio* de las cualidades llevó al abandono progresivo de una *explicación* del cambio por la potencia a favor de una *medida* del cambio por cantidades y magnitudes extensivas. En Occidente, la creencia en la idea de potencia se abandonó poco a poco. Parece que la cuestión del «más o menos» heredada de Aristóteles autorizó primero varias soluciones que intentaban conciliar la potencia con la medida. Posteriormente, todas las soluciones se concibieron reduciendo la intensidad y la potencia a extensión.

El fallo de cualquier explicación metafísica por la potencia estaba, en efecto, en que no permite cuantificar la variación. Ahora bien, a medida que iba siendo cada vez más importante para las ciencias europeas poder cuantificar el movimiento, se creyó necesario pensar que las variaciones de la luz, del sonido o de cualquier otro tipo de cualidades no se debían al juego metafísico entre la potencia y la actualización de las cualidades de una cosa, sino a un cambio físico medible. Era posible evaluar qué cantidad de luz había disminuido, qué cantidad de sonido había aumentado. Por esa razón, la concepción estrictamente cualitativa de la variación según Aristóteles fue sometida a una interpretación cada vez más cuantitativa por los filósofos medievales, hasta la cuantificación completa de las cualidades y del movimiento, que dio paso a la concepción de la materia como extensión pura de Descartes y a la institución de la mecánica de Newton.

El problema medieval consistía a menudo en preguntarse por la intensificación o la remisión de la caridad, del amor, por tanto, en el alma humana. Desde el punto de vista aristotélico, cuando amo más, no se añade un poco de amor al amor que ya tenía. La cualidad total permanece intacta; es solo la relación interior entre sus dos expresiones contrarias lo que está en juego en una relación de fuerza. Pero esa concepción prohíbe medir el grado de amor en cada momento porque me encuentro encerrado en un círculo vicioso: determinar la cantidad de amor que hay en mi corazón en el momento $t$ no es más que definir la cantidad correspondiente de no-amor; definir este es definir aquel. En ausencia de una unidad de medida exterior, es imposible medir qué aumenta o qué disminuye. Para hacerlo, hay que admitir, como lo hicieron los intérpretes medievales de Aristóteles, que las cualidades no son entidades completamente determinadas, y que admiten una *latitudo* medible de adición o de sustracción de sí mismas, sin convertirse por ello en otra cosa. La claridad del día es tal que puedo restarle una pequeña cantidad sin que deje de ser claridad. Una idea así presupone, por supuesto, que una cualidad puede descomponerse en pequeñas partes cuantificables. Hay por tanto grados de alegría, de sufrimiento, como los hay de blancura; esa idea de una «cantidad intensiva» o una «magnitud intensiva» es la clave de la comprensión de la racionalización del cambio por las ciencias; es decir, de la comparación de algo consigo mismo.

En un principio, en la Edad Media, adivinamos una larga duda filosófica acerca de los términos de esa racionalización. En la concepción de Godofredo de Fountains o de Walter Burley, por ejemplo, toda cualidad que varía se renueva íntegramente: segundo a segundo, el paisaje que contemplo y que se ensombrece por la oscuridad va convirtiéndose en un paisaje completamente otro. Es cada vez todo él un paisaje con un grado determinado de luminosidad. Un instante después, aun pareciendo un nuevo paisaje de la misma especie, es un paisaje totalmente nuevo, más umbrío, cuya predisposición a la oscuridad es más fuerte. Y si yo siento una alegría que va siendo cada vez más y más grande en mi corazón es que mi corazón se aniquila instante a instante y es reemplazado por un corazón totalmente otro, que goza de una alegría más perfecta.

Pero la identidad de lo que varía deviene entonces muy problemática: puesto que debemos seccionar el tiempo en una sucesión infinita de instantes, hay una infinidad de versiones de la misma cosa, cada una de ellas sometida a una intensidad diferente. Perdemos la ventaja de la intensidad en cuanto medida de la comparación de una cosa consigo misma: a cada grado le corresponde una cosa distinta.

Por eso, en la concepción adicionalista de los franciscanos y los calculadores de Oxford, la intensificación se entiende como una adición parcial de cualidad y no una renovación completa. Si me siento menos triste es porque una pequeña parte de mi tristeza ha desaparecido. La cualidad es tratada entonces como una cantidad: la tristeza, la alegría, la blancura, la claridad, la fragancia ya no se consideran formas indivisibles, sino el resultado del proceso de construcción y de deconstrucción por partes, que pueden ser objeto de una medición y de un cálculo.

Ya no se trata de una potencia interna: todo lo que varía puede reducirse, una y otra vez, a cantidad, o en todo caso a un espacio homogéneo, descomponible en partes, que permite comparación y medida. En este caso, contemplamos un mundo que ya no se compone de sustancias distintas, cada una de las cuales rebosaría potencia y cuyas cualidades estarían sometidas a variación según una relación de fuerza oculta entre una cualidad y su contraria; observamos un mundo racional donde todo es igualmente extenso, seccionable y dispuesto a someterse a una fuerza universal.

## Mediante la fuerza

La época del racionalismo, de los siglos XVII y XVIII, es ante todo, en las ciencias físicas de la naturaleza, el momento de la reducción a la nada de toda intensidad: preparando la concepción de la mecánica general newtoniana, el pensamiento racionalista identifica la objetividad con la ausencia de intensidad, con la extensión, por tanto. No hay «un más o un menos» interior de las cosas. La *res extensa* cartesiana, simple soporte de transformaciones geométricas, representa la esperanza de pensar una materia homogénea e indiferenciada que no se compone de sustancias individuales, cada una de ellas portadora de una potencia, sino de una gran masa extensible y moldeable, como una polenta vacía de toda idea y carente de potencia: esta materia impersonal, que se ofrece a la ciencia moderna, es lo que es por igual en cada uno de sus puntos, y cuyas partes se agregan unas a otras externamente, por combinación o sustracción. En la materia nada contiene intensidades variables, en el sentido preciso de que nada en la naturaleza es *más* o *menos* aquello que es.

Este es el objeto de la ciencia física clásica y luego moderna: un ser distribuido equitativamente que, por principio, es lo que es *igualmente*. Ninguna parte del mundo existe mejor o más perfectamente que otra: se puede medir externamente, podemos determinar el tamaño, la masa, y podemos someterla a una fuerza variable. Pero en sí misma es, tanto como cualquier otra parte de naturaleza, una partícula anónima y sin ningún tipo de particularidad.

La decisión newtoniana se encuentra claramente enunciada en los *Principia:* «Las cualidades de los cuerpos, que no admiten intensificación ni remisión, y que resultan pertenecer a todos los cuerpos dentro del campo de nuestros experimentos, deben considerarse cualidades universales de cualesquiera tipos de cuerpos».[1]

Mientras que la potencia era un *más* o un *menos* interior, que habitaba y frecuentaba cada entidad del mundo, la «fuerza», cuyo sentido científico fijó Newton, aunque no haya ninguna definición estricta en los *Principia* (es un término primitivo que permite definir los demás, pero que no puede serlo él mismo), recibe toda la intensidad expulsada de la materia y aprisio-

---

1  «Reglas para filosofar», Regla III, en *Principios matemáticos de la filosofía natural,* Madrid, Tecnos, 1987, pp. 461-462.

nada en la acción impersonal de aquello que pone en movimiento los cuerpos. Resumámoslo de la siguiente manera: la época racionalista escinde el ser entre una parte absolutamente no intensa y pasiva (la materia o los cuerpos) y una parte intensa pero impalpable (la fuerza). Lo movido carece de intensidad; lo que mueve varía; por tanto, es intenso. Lo movido es un cuerpo, lo que mueve no tiene cuerpo. *La fuerza es, pues, una intensidad de nada que se ejerce sobre todo.*

Uno de los gestos más importantes y comentados de los *Principia* de Newton es cuando enuncia las condiciones de la inducción, la decisión de renunciar a explicar las cualidades de las cosas que aumentan o disminuyen por grados: para racionalizar el movimiento, la mecánica clásica deja fuera en una primera fase las variaciones de luminosidad, calor, sonido o perfume. Esto ya no pertenece al dominio privilegiado de lo que se puede medir y calcular con la razón.

¿Qué es fuerza para Newton? Es, podría decirse, la potencia de las cosas singulares arrebatada a su forma específica, a su interioridad, a su esencia oculta, proyectada hacia fuera y atribuida en bloque a la materia extensa e impersonal del mundo. Tantas sustancias separadas, otras tantas potencias: este era el cosmos antiguo, que comienza a parecer arcaico. Con la física clásica no hay más que una única potencia, y esta no se aloja en el corazón de cada entidad, sino que existe como principio fuera de las cosas y se imprime desde el exterior en todas ellas, de un modo ciego y uniforme. A diferencia de la potencia aristotélica, que expresaba la forma de cada entidad, la fuerza tal como la entiende Newton ya no toma en cuenta lo que constituye la identidad de los objetos; encarna un medio de coacción indiferente a lo que son las entidades sobre las que actúa; no se ejerce ni más ni menos sobre una masa igual y de forma parecida, sea de roble o de haya, de madera o de plomo, de metal o de piel. Siempre es la misma fuerza universal que se ejerce sobre un hombre que cae, el caballo que corre, el viento que sopla o sobre la roca que rueda por la pendiente.

En realidad, no obstante, hay dos fuerzas distintas o dos aspectos de esa misma fuerza definida por Newton: una fuerza interior, que es la fuerza de inercia, es decir, la resistencia de la materia a lo que se ejerce sobre ella y la comprime, y una fuerza externa, que es la presión propiamente dicha, el choque producido por un cuerpo contra otro, de acuerdo con la ley de equivalencia de la acción y la reacción. «Fuerza de inercia» y «fuerza impresa» son la ladera soleada y la umbría de un mismo macizo montañoso, de esta inmensa fuerza de la que no existe definición.

Rompiendo con el carácter metafísico de la *dynamis* aristotélica, del *pneuma* estoico o de los conceptos de energía primordial expresados por el *qì,* el *prāṇa* o el *soma,* la fuerza no pretende ser ya un principio metafísico, sino solo físico. Sin embargo, sigue siendo perfectamente un principio, ya que es objeto de una definición circular: para explicar qué es la fuerza hay que presuponerla.

Este uso *a priori* del concepto de fuerza convenció inicialmente a los discípulos ingleses de Newton. Pero a medida que se difundía el proyecto de racionalización de la mecánica, muy pronto se mostró insostenible. Truesdell observa que «la noción de fuerza es la debilidad de la construcción de Newton, debilidad que Mach, siguiendo a Leibniz y a D'Alembert, percibió claramente». Cincuenta años después de la publicación de los *Principia,* D'Alembert ya esperaba reducir la fuerza a una simple manifestación del movimiento, aludiendo a las fuerzas operantes en Newton como a otros tantos «seres oscuros y metafísicos, que no eran capaces de nada más que de proyectar sombra sobre una ciencia clara por sí misma». Al parecer de los más materialistas, el concepto indefinible de fuerza, tan embarazoso para la física clásica como lo era el éter, debía analizarse en términos que pudieran justificarse o debía ser expulsado del terreno de la ciencia. Siguiendo a D'Alembert, Kirchoff y también Mach intentaron reformular el proyecto newtoniano de la mecánica general evitando recurrir al concepto de fuerza —pero sin llegar nunca a convencer a la comunidad científica.

En el Congreso Internacional de París, en 1900, Poincaré resume dos siglos de interrogantes preguntándose públicamente si la ecuación $F = ma$ era verificable experimentalmente en la medida, admitía, en que «no sabemos todavía qué son la masa o la fuerza». En el reciente libro de texto de física de Dransfeld todavía se lee que la fuerza «no es susceptible de definición». Causa de la aceleración, la fuerza es también la causa de algo real, observable y cuantificable; deducimos, por tanto, que también es real. Pero no hay ninguna prueba de ello.

Es imposible racionalizar la fuerza e imposible renunciar a ella.

La fuerza es, en el sistema newtoniano que la Europa docta heredó en el siglo XVIII, la única intensidad real. Todo es lo que es, ni más ni menos: solo la fuerza varía. Esta será la fórmula clave del racionalismo clásico: nada varía en sí mismo, y ni la manzana ni yo somos más o menos lo que somos. Cualquier variación en el ser, por tanto, se explica físicamente por el ejercicio de una fuerza.

El racionalismo europeo se basa fundamentalmente en esta afirmación unánimemente compartida: toda la identidad remite a las entidades, toda intensidad remite a la fuerza. La fuerza es la única variación, las cosas del mundo no saben nada por sí solas de la modulación del ser. Ningún hombre es más o menos un hombre. Ninguna brizna de hierba es más o menos la brizna de hierba que es. Pensar lo contrario es pretender medir lo inconmensurable: un cambio del ser en sí mismo.

La fuerza, por el contrario, *solo* es variación. La fuerza solo es *más* o *menos*. Por tanto, no tiene identidad, y el precio a pagar por este dispositivo es que la fuerza no es una entidad: no está encarnada, no es una de las cosas del mundo sobre las que ella se ejerce. La fuerza es un fantasma. Es una intensidad intangible e indefinible. Lo que es tangible y definible no admite ninguna variación de intensidad en su ser. Y la variación de intensidad universal, que es la fuerza, por tanto no es tangible ni definible.

Este es el destino del racionalismo: mientras que todo se explica, el principio mismo de la explicación elude el dominio de lo explicable, como si un foco de una luz que iluminara todo el universo destacara paulatinamente un punto de sombra. Podemos dar razón de todas las cosas, a excepción de la razón con la que explicamos todo. Ese es el significado del concepto moderno de fuerza, instrumento por excelencia de la racionalización de la mecánica, que permanece desesperadamente opaco a la elucidación que su uso, sin embargo, autoriza.

Al dar cuenta y razón de todo en términos de fuerzas, la ciencia es cada vez menos capaz de explicar qué es exactamente la fuerza en sí misma.

## Depresión posnewtoniana

Pasado el momento de euforia provocado por el proyecto newtoniano, se perfila una especie de duda secreta que se ha instalado siglo tras siglo en el pensamiento, antes de unirse a todas las críticas de la Modernidad: la angustia de una depresión de la razón, privada de intensidad. Por «depresión» entendemos tanto el significado psicológico como el primer significado literal de la palabra: un desinflado del ser, que decae como un suflé después de una especie de burbuja especulativa de ilusiones premodernas, y que aparece ahora como realmente es, plano.

En ausencia de una idea de intensidad, la racionalización del mundo ha producido en el pensamiento europeo la imposibilidad de no imaginarse más que como irracional el hecho de que algo sea más o menos lo que es. Escapa al poder de la razón calculadora considerar la medida de una entidad *en relación consigo misma*. La montaña, después de todo, es una montaña.

Es la montaña que es. No podemos alabarla por ser particularmente una buena montaña, ni culparla por no serlo demasiado. Cuando sus colores cambian al amanecer puedo analizar objetivamente esa variación en el espectro luminoso, medirla en términos de amplitud de frecuencia. Puedo así reducir la apariencia de una variación intensiva a una sucesión de estados cuantificables.

Toda variación de intensidad de un ser debe por tanto seccionarse y explicarse en términos extensos o ser atribuida al sujeto que la percibe: la intensidad pura no es de este mundo, es solo el *sentimiento* del mundo. Estoy fatigado, todo me parece más lento; tengo sueño, todo se presenta con una luz más pálida. El mismo mundo le parece vivo a alguien que arde en deseos y sombrío a otro hastiado de existir. El mundo en sí no es vivo ni sombrío. ¿Qué es? Es extenso. Ocupa espacio y tiempo. Pero carece de intensidad. Ninguna de sus partes vale más por sí misma que cualquier otra. Ninguna partícula de este mundo posee una dignidad ontológica superior a la de cualquier otra: un volumen de mármol equivale en dimensiones a un volumen igual de materia en descomposición; un centímetro cuadrado de la piel de la mujer más bella vale lo mismo, como superficie, que un centímetro cuadrado de la epidermis de un leproso; un cuerpo muerto no es más que uno vivo y ocupa una porción de espacio comparable. El ser no tiene grados, piensa aquel que entra en la Modernidad. O bien, si me parece que sí, esta gradación depende solo de mí.

Aceptemos que, como sucede con frecuencia, el mundo me parece menos vivo y más sombrío a medida que sumo años y se aleja la juventud; puedo admitir que el mundo en sí mismo no está ni más ni menos vivo que antes, y que la variación se debe solo a mi estado de ánimo. Pero entonces expulso toda la intensidad del mundo y se recluye en mí, y me convierto en su único depositario. Las cosas por sí mismas no tienen ninguna intensidad: son solo lo que son; yo les agrego alguna variación de tono, de vivacidad, que son reflejos de mi estado psicológico o fisiológico. Afuera todo es extenso, todo es medible por partes. Solo en mí, el sentimiento de que es más o menos intenso colorea el mundo exterior con ese tono cambiante, con ese estado de ánimo.

Reconocer la verdad, para el espíritu moderno, equivale, a partir de ese momento, a dar por muerta la intensidad objetiva de las cosas y a admitir que solo hay intensidades en las impresiones de los seres vivos, y más especialmente de los seres humanos. Pero objetivamente, y no subjetivamente, cualquier parte de este mundo es lo que es, ni más ni menos que cualquier otra. Y nada es más o menos lo que es. Solo varía realmente la fuerza ejercida.

Entonces aparece el primer síntoma de depresión de la conciencia moderna: el sujeto no puede recurrir a nada que no sea él mismo para encontrar algo que sea intenso. Fuera del sujeto, en realidad nada es más, nada es menos. Todo es igual. Está la fuerza, por supuesto, para explicar el movimiento, el cambio, pero esa fuerza es ciega e impersonal: varía, pero es intangible e imposible de ser verificada directamente a través de un experimento.

Heredando un mundo constituido por una materia carente de intensidad y una fuerza universal que se ejerce desde fuera y que solo se puede probar en sus efectos, la cultura occidental ha sentido una cruel carencia casi imposible de definir. Ante la «extensionalización» casi completa del mundo, el sentimiento vago de que este mundo se ha vuelto invivible, o más exactamente de que no ofrece ninguna razón suficientemente estimulante para ser vivido, habitado o experimentado, atormenta al racionalismo moderno incapaz de ofrecer a la imaginación una imagen vibrante y excitante de la realidad.

*La idea de una imagen*

Y precisamente porque parecía salvar al sujeto europeo moderno de este marasmo, la electricidad ha servido de nueva imagen de la intensidad que el racionalismo ya no permitía concebir en el mundo entre las cosas mismas.

Ahora comprendemos mejor la fascinación por la electricidad que conmovió al público europeo: inconsciente o conscientemente, el magnetismo y luego la electricidad liberaban al hombre moderno de la depresión que lo amenazaba, de la angustia de tener que habitar ahora, como precio por la modernidad, un universo desprovisto de la más mínima intensidad de ser. Pero no, ¡la materia estaba cargada! Había una diferencia contenida en la naturaleza que recorría tanto la vida como el pensamiento; no era la antigua potencia de Aristóteles, era un potencial de carga, un diferencial que suscitaba una corriente, algo que devenía, que penetraba el ser llanamente extenso, que hacía estremecer la materia, que explicaba la sensación y le daba un valor en sí misma. Ahora bien, la electricidad, reconocida por la ciencia europea, no era irracional: aunque sustraída aparentemente a la materia inerte y al movimiento visible, podía ser objeto de observaciones y medidas indirectas. No era una idea metafísica abstracta, un principio imposible de probar. Era un hecho que reintroducía en la concepción racionalista moderna del mundo una intensidad, la medida no de una cantidad que puede seccionarse por partes, sino un flujo de energía.

Hasta el siglo XVIII ha existido, por tanto, podríamos afirmar, una idea de la intensidad, pero le faltaba una imagen. La pared más o menos blanca, el amor cristiano más o menos grande en el espíritu, el día más o menos claro remitían a artificios escolásticos —importantes como pudieran ser en teoría— que no alcanzaban el sentimiento humano. Y luego intervino en la historia de nuestras representaciones una imagen fulgurante. La imagen de esta idea se reveló, como hemos visto, decepcionante: la electricidad racionalizada por la ciencia, al perder su misterio, al ser reducida a propiedades específicas de la materia, no mantuvo sus promesas teóricas. La electricidad, al fin y al cabo, era solo eso: el desplazamiento de pequeñas partículas elementales de la materia, cargadas a través de un material conductor bajo el efecto de una diferencia de potencial.

Luego, así me parece, se anudó una extraña alianza secreta en el espíritu moderno, entre una imagen que carecía de una idea y una idea que carecía de una imagen: desacreditada por el racionalismo clásico, la idea de la intensidad pura se convirtió en algo abstracto, como si dependiera de las antiguallas aristotélicas y escolásticas, del cambio cualitativo y de la *latitudo* de las formas. Se hacían esfuerzos por representarse racionalmente qué era una intensidad, en el mundo reconstruido por la nueva física. Por otro lado, la intensidad de la corriente eléctrica era una imagen fabulosa que había asombrado al público europeo cuando se descubrió la electricidad, pero, a medida que se estudiaba el fenómeno, que se analizaba y cuantificaba, la corriente eléctrica, que se había apreciado como una nueva una imagen a la vez mágica y racional del cambio, de la descarga energética y a la vez del deseo y de la vida misma, parecía corresponder a una idea también decepcionante.

De manera que, sin haberlo concertado, la imagen de la electricidad pasó a la vieja idea de la intensidad, y la idea obsoleta de intensidad tomó forma en la imagen eléctrica moderna; el resultado fue un nuevo concepto, cuyas primeras huellas podemos encontrar en el idealismo alemán, en Kant, Schelling y Hegel, y que luego se convirtió en el personaje principal de la escena filosófica, en las metafísicas modernas de Nietzsche, Bergson, Whitehead o Deleuze.

«Intensidad» significaba ahora tanto la variación de una cualidad, la medida de la comparación de una cosa consigo misma, la medida del cambio, del devenir, una diferencia pura, lo que permitía explicar la sensibilidad de los seres vivos, el deseo, lo que justificaba una vida para ser vivible, el valor de todo lo que escapa a la cantidad y a la extensión —y un fulgor eléctrico.

Si emprendemos una rápida genealogía de la intensidad como principio de la vida moderna, encontramos que ese ideal que orienta nuestra existencia es heredero de una idea extremadamente abstracta y de una imagen absolutamente concreta que se fundieron una con otra para dar a una vieja cuestión teórica el aspecto vivo y deslumbrante de la intensidad eléctrica, y para animar la realidad de la electricidad con una cualidad metafísica oculta.

De esta alianza nació un concepto inédito.

# UN CONCEPTO. «HABRÍA QUE INTERPRETAR TODO EN TÉRMINOS DE INTENSIDAD»

## La excepción de la intensidad

¿En qué consiste exactamente este concepto de intensidad que aparece en la filosofía europea, y sobre todo alemana, del siglo XIX? Es la representación de una intensidad cuyo carácter irreductible ya no es un defecto que deba remediarse, sino una cualidad que debe ser defendida. La intensidad se ha convertido en un concepto totalmente metafísico en cuanto alianza de la idea del *más* y del *menos,* del cambio cualitativo, con la imagen deseable de la corriente eléctrica: si el pensamiento ponía trabas a la distinción entre cambio cualitativo y cantidades medibles, el ejemplo asombroso de la electricidad dio la vuelta a toda nuestra concepción, de manera que la irreductibilidad de lo intenso a cantidad ya no parecía una laguna, sino una oportunidad.

A partir del siglo XIX, el concepto de «magnitud intensiva» tiende a designar la medida de algo irrecuperable por el número, por el seccionamiento por partes de un espacio, por el aumento o la disminución de una cantidad. A la extensión, que hace prevalecer ese seccionamiento y ese sistema de cantidades, se contrapone la intensidad como concepto, que abarca todo cuanto escapa a la «magnitud extensiva».

El concepto «intenso» empieza a designar lo que, en cualquier terreno, se presenta como un todo, y no como la suma de varias partes diferenciables, lo que es inmediato y no sucesivo, lo que tiene una magnitud pero que no es directamente numerable, lo que cambia pero que no corresponde a una serie de estados distintos o que tiene un valor pero que no puede ser inmediatamente comparado con otra cosa, lo que es continuo y no discreto, lo que proviene de la experiencia perceptiva íntima, interior, y no del carácter observable, exterior, de un fenómeno. La intensidad deviene una ciudadela, la fortaleza de la resistencia a la extensión, al espacio, al número, a la cantidad, a la equivalencia, al intercambio, a la racionalización y a la universalización. La intensidad es la medida de lo singular y de sus variaciones internas —mientras que la ciencia se consagra al conocimiento y a la elaboración de modelos de todo lo que aparece más de una vez, de todo lo que se repite, de la experiencia de la generalidad y de sus leyes.

Y así, la intensidad pasa a ser la excepción por excelencia: lo intenso es lo que la razón ha excluido de la racionalización del mundo y reservado a la percepción íntima y singular. En la mayoría de las metafísicas del siglo XIX, extensión e intensidad se oponen y se complementan lógicamente. La razón da a cada cual lo que le corresponde: a la extensión, la objetividad del mundo exterior, de la naturaleza percibida, de la materia y de los objetos; a la intensidad, la subjetividad de la experiencia interior, de la percepción de la naturaleza, del espíritu y de las cualidades.

La «magnitud intensiva» significa, por ejemplo para Kant, en la *Analítica de los principios,* lo que de los fenómenos puede ser anticipado por la percepción: si la intuición puede anticipar la magnitud extensiva de los fenómenos, es decir, el hecho de que son seccionables por partes, que su todo se obtiene mediante la adición de partes, que atañen al espacio y están sujetos al número, y son, por tanto, matematizables, la percepción anticipa el hecho de que la sensación y lo real, que están en el objeto de un fenómeno, tienen una «magnitud intensiva», es decir, un cierto grado.

Sin tener en cuenta todas las implicaciones de este razonamiento en el sistema kantiano, saquemos de ello al menos lo siguiente: para que el mundo que hemos heredado de Newton sea cognoscible, experimentable y finalmente habitable, es necesario que cada parte percibida de este mundo plano sea revestida desde el interior de un grado, de una intensidad. Es posible una conciencia puramente formal de los fenómenos si esta intensidad se reduce a cero. La realidad se encuentra entonces anulada por disminución, y no queda más que la forma del objeto cognoscible. Pero en la percepción, la realidad de este objeto está de hecho afectada por un coeficiente, y este coeficiente no es una magnitud extensiva, es decir, obtenida por adición de partes. Nos afecta *toda de golpe:* la totalidad del sentimiento de realidad nos afecta monolíticamente; luego es posible tratar de analizarla, de graduar su variación. Pero esa magnitud intensiva es en realidad una especie de barómetro interior de la experiencia subjetiva, que indica inmediatamente el *grado de aparición* de lo que es.

En realidad, la operación kantiana es muy significativa: la intensidad designa ahora el grado de relleno interior de un mundo extenso, exterior y ofrecido al conocimiento científico. Ese grado de compromiso no es más que la realidad, que depende del tiempo. En efecto, la magnitud intensiva kantiana está relacionada con el sentido interno, temporal, igual que la magnitud extensiva lo está con el sentido externo, con el espacio.

Supongamos que contemplo el cielo. Con el tiempo sucede que, por una impresión de desapego, el cielo azul y blanco que contemplo me parece cada vez menos real, sin que de hecho haya cambiado, solo porque mi conciencia de mirarlo aumenta. Y en estos momentos inciertos, siento crecer en mí el sentimiento de mi propia mirada, la impresión de ser para mí como una pantalla de cine: la representación supera lo representado. Quizá basta con pestañear y el cielo reaparece como una verdad lejana, el sentimiento —acompañado por un ligero vértigo— me recupera su presencia y su existencia, por la luz que lo atraviesa, hasta los límites nebulosos de la atmósfera terrestre, lejos, allá arriba: percibo que se aleja de mi retina, que se agranda y finalmente me envuelve.

Esta relación de fuerza entre la sensación reflexiva de la representación y el sentimiento extático de la percepción de lo exterior es como una línea continua a lo largo de lo cual varía el *grado de intensidad de lo real*. En Kant, esa intensidad puede disminuir hasta llegar a cero, indicando entonces la victoria de la conciencia pura sobre su objeto; pero no existe una intensidad máxima definitiva, que marcaría el triunfo de lo percibido sobre la percepción. Existe la forma vacía de nuestra percepción posible del mundo, y existe lo real que la llena y que puede dar la impresión de que existe más o menos, es más o menos fuerte, según un sentimiento que acompaña nuestra percepción: el sentimiento de intensidad. Lo que entonces se anuncia es la existencia de una relación de fuerzas incesante entre la conciencia pura y un máximo de realidad. Lo que llamamos real se convierte en un relleno intensivo de la conciencia del sujeto. A veces disminuye, a veces aumenta. Y nuestra experiencia íntima no cesa de medirlo aproximativamente, en estados de vigilia, de duermevela, de ensueño o de extrema lucidez.

Aunque el objetivo de Kant sea pensar la posibilidad de una intensidad igual a cero, que permita determinar las condiciones de la conciencia pura, vacía de cualquier intensidad de realidad, es necesario prever la siguiente hipótesis: *la vida moderna será, por el contrario, la aspiración a una intensidad de realidad máxima,* es decir, a la experiencia fuerte de un sobrellenado interior del mundo percibido —es necesario que esa experiencia se hinche, es necesario que desborde para hacerme sentir vivo—. Es preciso que lo percibido prevalezca sobre la percepción reflexiva, que la inunde bajo la certeza elevada al máximo de lo que yo veo, de lo que toco, de lo que me gusta, que aumenta a medida que disminuye la conciencia de mi propia mirada, de mis nervios, de mi corazón, de mi cerrazón en mí mismo, de mi reflexión de sujeto consciente, condenado a concebir un universo decepcionante, en el que cada punto es objetivamente igual a cualquier otro.

Sé que nada es más o menos. Sé que todo existe de la misma manera, pero yo me *siento* de otra manera: *siento* que todo lo que percibo puede variar de intensidad.

*Una excepción salvaje*

Para Kant o para Hegel, cuando este último define el «quantum extensivo» y el «quantum intensivo» en la *Ciencia de la lógica,* la intensidad no está solo exenta del ámbito de la extensión, sino que se encuentra en igualdad de condiciones con la extensión, de la que es socia, garante y contraparte. Intensidad y extensión forman una pareja equilibrada en el pensamiento europeo de la época. Esta intensidad cuidadosamente distinguida de la extensión, y casada armoniosamente con ella, corresponde a una idea amansada, que incluso podríamos calificar como intensidad «domesticada» por el concepto.

Pero lo propio de la intensidad es su irreductibilidad: si se la reduce a complemento de la extensión pierde su carácter propio. Inevitablemente, se iniciará en las mentes de los metafísicos un proceso por el que el pensamiento se comprometerá a salvar la intensidad de su recuperación y domesticación. Porque la verdadera intensidad debía ser radicalmente distinta de esta supuesta intensidad que se asociaba demasiado fácilmente con la extensión.

¿Cómo ilustrar eso? Un niño me pellizca suavemente en la piel y eso me produce cosquillas; luego su pellizco se vuelve más apremiante, abarca una parte mayor de mi piel y la sensación hasta ese momento agradable se intensifica y se vuelve desagradable, francamente penosa y al final dolorosa. El aumento de la intensidad de la misma sensación ha llevado a alterar y a transformar cualitativamente la sensación que deja de ser un cosquilleo para convertirse en dolor. Cuando Bergson se interesa por la especificidad de los estados de conciencia y de percepción tiene cuidado de mostrar que la idea de una magnitud medible de la intensidad llega al espíritu a través de la representación de la causa de la sensación: dando por supuesto que la causa (pellizco) es extensiva, que ocupa espacio y es medible (puedo determinar la variación de la fuerza que el niño pone en el pellizco), la idea de cantidad se ha traspuesto de la causa de la sensación a la sensación misma. La intensidad del pellizco, que no era más que una cierta coloración cualitativa de mi sentimiento, se convierte en una magnitud de una dimensión medible. La proyección de mis estados psíquicos al espacio les comunica esa forma seccionable en partes distintas y cuantificable.

Apoyándose en este análisis, Bergson lleva a cabo una crítica radical al uso que en psicología se hace del concepto de intensidad, que le permite distinguir entre dos tipos de multiplicidad: una multiplicidad cuantitativa y discreta, numérica, y una multiplicidad cualitativa y continua. Todo lo que «ocupa espacio» atañe a la primera multiplicidad; pero la segunda multiplicidad escapa y se resiste a la espacialización. El espacio es un principio de diferenciación distinto al de la diferenciación cualitativa: en el espacio, todo es numéricamente distinto, pero nada tiene cualidad distinta. Lo hemos dicho ya: esto es el resultado de la descualificación del espacio cartesiano y newtoniano en la época racionalista. En consecuencia, el principio de diferenciación cualitativa no es espacial: se expresa en Bergson en lo que él llama la «duración», una multitud indistinta y hasta indivisible de estados heterogéneos del mundo. He ahí la intensidad auténtica, he ahí la pura excepción.

En otras palabras, el movimiento estratégico de Bergson consiste en mostrar que lo que se llama «la intensidad» no es sino una forma domesticada de la verdadera intensidad. Para pensar el concepto de intensidad es, por tanto, necesario lanzarse a una carrera moderna contra la domesticación de lo intensivo y su reducción a lo no-intensivo. Debemos luchar con el pensamiento para preservar su carácter excepcional.

La naturaleza misma del concepto de intensidad, cuya rápida genealogía nos reveló que venía de la alianza entre la idea de cambio cualitativo y la imagen fulgurante de la electricidad, le ha comunicado a ese concepto algo salvaje, imposible de domesticar: intenso es aquello que escapa a la categorización, que no se deja reducir. Los primeros intentos del pensamiento por asignar a ese concepto la simple función de complemento de la extensión han fracasado. Lo intenso no puede contentarse con distinguirse extensivamente del principio de distinción extensivo entre las cosas —porque la extensión sería entonces juez y parte de la distinción.

Considerar la intensidad como una excepción de la extensión, y ubicar la intensidad solo en la subjetividad, es asignar un lugar a lo no-asignable, es negarle al concepto de intensidad no su idea, sino la imagen que se le otorgó por su ascendencia eléctrica: una descarga violenta, una especie de algo indomable, que no se deja abarcar ni clasificar por el pensamiento.

Cuando las metafísicas modernas han introducido con prudencia el concepto de intensidad en sus grandes sistemas de clasificación y distinción no sospechaban que estaban introduciendo el lobo en el redil, el principio mismo de destrucción de toda clasificación y toda distinción dentro de sus comprehensivas tablas clasificatorias.

*La excepción se convierte en regla*

¿Por qué y cómo el concepto de intensidad dejó de representar una simple excepción metafísica? Ese concepto permitía concebir un mundo compuesto de entidades individuales, pero que no estaban encerradas en sí mismas. La sustancia de los antiguos autorizaba por supuesto a individualizar y calificar cosas —el hombre, el árbol, la mesa—, pero producía cosas en sí, que eran los soportes, los sustratos del cambio, sin estar ellas mismas sujetas a cambio. Sobre todo, la potencia estaba encerrada en el interior de las sustancias. La fuerza de la física clásica era, por el contrario, una potencia liberada, universal y con efectos medibles; pero era única e impersonal, y se ejercía sobre una materia decepcionante, no individualizada y desprovista de intensidad.

Las intensidades, por el contrario, son a la vez individualizadas y no son en sí; combinan las ventajas de la potencia y de la fuerza: una intensidad es una fuerza cualificada. No hay ninguna necesidad de pensar en una cualidad por debajo de la variación de intensidad: *la variación de intensidad es ella misma la cualidad*.

La intensidad, de excepción que era, se ha vuelto autónoma y se ha convertido en la regla: ¡todo es intenso, todo es intensidad! Esta es la revelación. El árbol idéntico a sí mismo es solo un efecto, como un reflejo sobre la superficie del agua, de la realidad profunda de lo que es: variaciones continuas del ser, líneas de devenir que en un momento me parecen estabilizadas como un objeto espacial. Pero si considero que todo está hecho de intensidades, entonces no hay árbol. Solo hay procesos por los cuales «esto arboriza». Y un día, «esto desarborizará»: el árbol se vendrá abajo, sus componentes se descompondrán. Ahora, cada otoño, el árbol pierde partes: cae una hoja, parte de su corteza se erosiona por el viento. Pero lo que yo llamo árbol solo es un nudo de ser, el anudamiento de líneas del devenir, de líneas de intensidades de la tierra que se seca y se humidifica, de madera que crece, de savia que asciende, de intercambios de energía entre el organismo vivo y su entorno, etc.

Por una inversión de valores característica del espíritu moderno, la intensidad que era una excepción a la extensión devino en ser el nombre de todo lo que es. Y la extensión pasó a ser una excepción a la intensidad.

Por supuesto, este nuevo mundo esencialmente hecho de intensidades ha dado muchas vueltas dependiendo de los sistemas filosóficos. Nietzsche, Whitehead o Deleuze han propuesto cada uno de ellos una visión de un universo no extenso, compuesto de partes organizables, pero puramente intensivo, y cuyas partes aparentemente estables no son más que ilusiones de la percepción limitada que nosotros tenemos de él.

El mundo de la voluntad de poder nietzscheana es así la impactante representación de una sola intensidad, cuya imagen es la del océano inmenso, que subsiste sin necesidad de nada, y no hay nada exterior a él. Imaginémonos una única e inmensa intensidad variable de todo lo que es. Este ser, para que pueda tomarse él mismo como objeto, se desdobla, vuelve hacia a sí, se divide aparentemente en sujeto y objeto; pero en realidad solo hay una gran intensidad oceánica que fluctúa localmente pero no globalmente. Para el Nietzsche de los fragmentos de *La voluntad de poder* todo es intensidad y, por esa razón, la intensidad es absoluta. Siendo absoluta, su suma no varía. Todo, por tanto, es intenso (ya que todo fluctúa), excepto la intensidad misma, que es absoluta (y que no fluctúa): es un océano de fuerzas desatadas, sin principio ni fin, una masa que no deviene ni más grande ni más pequeña, la «economía sin gastos ni pérdidas», «sin adquisiciones ni crecimiento». La intensidad, a la vez una y múltiple, cuando actúa contra sí misma, se individualiza, se divide en múltiples intensidades y varía, aumentando aquí, disminuyendo allí. Para Nietzsche, por tanto, nada es no-intenso, excepto la totalidad absoluta de la intensidad en sí misma. Aquello que *en el interior del mundo* nos parece no-intenso, por tanto completamente estable, idéntico, no es más que un efecto engañoso de una intensidad débil. La intensidad, en realidad, carece de contrario, porque lo no-intenso es solo el grado más débil de intensidad del ser. En este caso, entendemos por «intensidad» la absolutización de lo que parecía lo contrario de lo absoluto: de la variación. Solo la variación en sí no varía. La apariencia de permanencia de un objeto, un concepto o una idea no es sino una astucia de la intensidad universal, que disminuye localmente para experimentar sobre sí misma una de sus infinitas posibilidades. De este modo, a los ojos de los nietzscheanos del siglo XX, como Foucault, no habrá sujeto constitutivo sino solo «procesos de subjetivación»: todo depende fundamentalmente de variaciones históricas, cuya genealogía y diferentes momentos podemos redescubrir. Pero en el fondo no hay ningún ser idéntico consigo mismo, solo hay intensidades. Y el orden de prioridad de los grandes principios se ha invertido: las intensidades son naturales y primeras; las pretendidas «identidades» están construidas y son segundas.

Ahora bien, esta concepción ha servido de ontología implícita (esto es, de teoría del ser de las cosas) a muchos que, en la Modernidad, no querían hacer ontología: en realidad, se decía, fuera de nuestra percepción, nada existe en sí mismo. Nada es idéntico —¡todo es diferente, todo es intenso!—. Fuera de lo intenso, no hay nada. Y nuestras representaciones de entidades simples, invariables, permanentes, eternas, son solo apariencias de estabilidad, a escala de nuestra percepción histórica limitada, que dan la ilusión de lo absolutamente no-intenso, cuando ellas no son más que *débilmente* intensas.

En cuanto no hay más que una sola inmensa intensidad, esta intensidad —que no es comparable con ninguna otra cosa— no puede aumentar ni disminuir, por lo que la totalidad del ser nunca existe en más o en menos: es en el interior del mundo, allí donde la intensidad se convierte en multitud, donde una intensidad puede crecer en la misma medida en que otra disminuye. Y ¿qué es el mundo? No es nada más que este juego de intensidades de suma cero.

Este es el breviario nietzscheano. Esta primera visión de una intensidad universal y eterna se complementa, sin embargo, con una segunda visión: ya no es un juego de suma cero, sino un proceso en sí mismo intenso y siempre creativo. En este segundo sentido, que donde mejor se expresa es quizá en *Proceso y realidad,* de Whitehead, las múltiples intensidades del ser participan en el proceso general por el que el ser aparece constantemente nuevo: todo es intenso, en el sentido de que todo cambia, que todo es la «concrescencia» provisional de múltiples intensidades; las multiplicidades se organizan, se unen, y la unidad resultante se añade a la multiplicidad. Las moléculas son en este sentido sociedades dinámicas de átomos, que son también a su vez sociedades dinámicas de protones, electrones, que son también sociedades de partículas o vectores de fuerzas más elementales. Cada elemento es, de hecho, un resultado, pero no es una simple suma aritmética; es un todo activo que transforma sus propias partes, tal como la construcción de una molécula actúa sobre el estado de los átomos que la componen. La relación entre dos entidades es otra entidad que se suma a las dos primeras creando la posibilidad de una nueva tensión ahora entre tres términos. En la ontología de Whitehead se valoran siempre los conceptos activos: la *concrescencia,* que es un proceso, más que el *concretum,* que es su resultado final.

Como signo de reconocimiento gramatical muy simple de esto último, a menudo vemos que en estas filosofías de la intensidad los gerundios, como *constituting* o *creating,* se imponen de manera sistemática en ellas sobre los participios pasados, como *constituted* o *created:* el ser es, ante todo, proceso, no el resultado de este proceso. Esta visión creativa de la intensidad ha orientado todas las mentes modernas que han rechazado que el ser de la naturaleza esté «siempre ya» constituido, considerando que lo que se ha constituido nunca fue el origen, sino que es la acción del devenir. Descubrimos entonces que la intensidad no es una tensión entre dos identidades, como si hubiera en principio entidades fijas, a las que se les añadiera mecánicamente su relación. En realidad, todas las aparentes identidades del mundo son el producto de intensidades, como lo *variado* es el producto de lo *variante,* y no a la inversa.

En una tercera y última visión, que es más específicamente la de Deleuze, la intensidad permite nombrar esta variación como «diferencia pura»: una diferencia de la diferencia. La intensidad eléctrica, recordémoslo, remitía a una diferencia de potencial entre dos polos. Pero Deleuze señala en *Diferencia y repetición* que esa intensidad de la que hablan los científicos no es en absoluto la intensidad de los metafísicos: la intensidad eléctrica no es más que un indicio físico que permite hacernos una idea de la verdadera intensidad. Porque si la intensidad eléctrica remite a una diferencia de carga, debemos pensar que cada carga es ella misma resultado de una diferencia. Por ello, la intensidad metafísica no se detiene aquí: por «intensidad» no es preciso entender la diferencia ente dos entidades identificables, sino la diferencia entre dos términos que no son en sí mismos más que el resultado de una diferencia entre dos términos, que no son en sí más que… y así sucesivamente.

En cada uno de esos puntos de vista observamos que el coronamiento de la intensidad en cuanto cualidad primera del ser depende de una hábil inversión: mientras que antes se estimaba que la intensidad era un efecto de la percepción del mundo extenso, cuantificable y medible, ahora se juzga que esta apariencia extensiva de las cosas no es más que un efecto de la realidad de estas últimas, que es fundamentalmente intensiva. Todo es intenso —pero nuestra percepción produce efectos de estabilización, debido a nuestra cognición, a nuestro lenguaje, a nuestra gramática, que nos hacen ver el universo intenso como una *apariencia* de un conjunto de objetos distintos en el espacio, identificables y reidentificables a través del tiempo.

Para escapar a esta ilusión sería necesario, como proclamaba el programa deleuziano, «interpretar todo como intensidad». De hecho, más allá de estas perspectivas metafísicas originales, todos los campos del saber humano han sido poco a poco tocados por este mandato implícito: así como el hombre de la Edad Antigua se entrenaba para vivir en un universo de sustancias, y el hombre del Racionalismo en un mundo gobernado por la fuerza, el hombre moderno se ha formado poco a poco para vivir en un mundo de intensidades, y todos sus conocimientos se han reorganizado para cumplir esta exigencia.

Tales representaciones metafísicas de mundos puramente intensos pueden parecer abstractas. Sin embargo, la crisis de las categorías clasificatorias de nuestros campos del saber es un efecto directo y comprobable de esta intensificación metafísica.

Habitando con el pensamiento un mundo que ya no estaba hecho de sustancias y cualidades hemos aprendido a reconocer como fundamentalmente existentes solo diferencias, variaciones, intensidades. Por esta razón, la Modernidad en las ciencias de la vida ha llevado gradualmente a renunciar a la clasificación de los organismos parte a parte, como si pertenecieran a especies fijas, como si pudiéramos ordenarlos en conjuntos y representarnos todo lo que vive como un vasto espacio dibujado por la ciencia, seccionado en especies como si fueran compartimentos diversos. Esta concepción de la clasificación correspondería al proyecto racionalista, no al proyecto moderno. Al considerar implícitamente que lo más real que existía en el mundo estaba constituido por variaciones más que por sustancias simples, fijas, permanentes, la vanguardia del espíritu moderno, en la mayoría de los distintos campos del saber, se dedicó a ver e interpretar la realidad orgánica e inorgánica en términos de intensidades, variaciones, más que en términos de identidades estables. En la relatividad general, por ejemplo, no son los objetos físicos los que determinan las «líneas del universo», sino que son las líneas del universo aquello que define los objetos físicos. De igual manera, para conocer lo viviente hemos abandonado, de acuerdo con la teoría neodarwinista de la evolución, la idea de clasificar organismos en un espacio ordenado por especies fijas para considerar más bien procesos de «especiación». No hay esencias específicas, solo efectos de umbral en la variación continua de las diferentes ramas de la evolución general de la vida. Entonces, ¿cómo recortar una humanidad simple y fija entre estas intensidades variables de lo vivo? La clasificación ya no autoriza esta operación mágica: traza sobre el conjunto de lo que vive líneas genealógicas en lugar de fronteras. Ahora bien; dado que una línea es una realidad geométrica continua, la Modernidad nos empuja a todos a representarnos más los cambios progresivos que el soporte fijo de esos cambios. El hombre ya no está separado de otros animales por una línea de especie infranqueable: él mismo *es* una línea de variación.

Nuestros saberes nos hacen ahora prestar atención a estas intensidades más que a los límites entre diferentes extensiones. La pregunta moderna ya no es ¿dónde comienza y dónde se detiene el hombre? La pregunta ahora se convierte en ¿cómo se constituyó? ¿Y cómo llegará a ser algo distinto?

Así como la especie ha cedido el paso a procesos de especiación, el género o el sexo han dado paso a procesos de *genderification* o de sexuación. Ya casi no es posible hablar de los hombres y de las mujeres como de partes absolutamente separadas de un todo que sería la humanidad, porque todo lo que encontramos en lo profundo de nosotros, bajo las máscaras de los comportamientos de género, son intensidades variables, del «eso se feminiza más o menos» o del «eso se masculiniza más o menos»: los géneros ya no son sustantivos sino verbos, porque corresponden a actos. Son realidades intensivas. Nuestros saberes y prácticas modernas se basan en este principio: las identidades son siempre efectos; lo que realmente existe son intensidades. De excepción que era, la intensidad se ha convertido en la regla cardinal de nuestros conocimientos. Reconocemos como realmente existentes, más allá de nuestras categorizaciones y de nuestras construcciones culturales, no identidades, sino diferencias, variaciones incesantes, flujos y evoluciones.

Pero este principio de nuestros saberes tiene una historia: nuestro gusto por las genealogías tiene también una genealogía. Nuestra desconfianza ante todo lo que se presenta como fijo, absoluto, eterno no es fija, ni absoluta, ni eterna. Todo esto depende de nuestro tipo, casi de nuestro *estilo* de ser humanos, que ha adoptado el concepto de intensidad como principio implícito de todos sus conocimientos.

Nuestros saberes se volvieron particularmente atentos a las intensidades —de especie, de género— para proceder a la deconstrucción de las identidades clásicas. Este era un proceso sin final, porque todo lo que se identificaba así tenía que ser, a su vez, disuelto en intensidades más fundamentales. Tan pronto como el saber identificaba una intensidad, dicha intensidad quedaba como congelada y debía ser criticada para que mostrara de qué intensidades reales era ella el efecto ideológico, la construcción social e histórica. Y este impulso que consistía en repensar todas las identidades como intensidades ha sido el fascinante motor de los saberes modernos —antes de bloquearse.

*Debemos sostener las intensidades*

Debido a la generalización, en las ciencias y en las artes del siglo xx, del concepto de intensidad surgió la siguiente dificultad inédita: paradójicamente, parece que la victoria absoluta de una intensidad significa casi inmediatamente su derrota. La absolutización de la intensidad es su aniquilación. En cualquier campo, el reconocimiento del carácter intenso de algo manifiesta este efecto indeseable: una intensidad, una vez identificada, cesa muy pronto de ser reconocida como intensa.

Ese es quizá el precio a pagar al núcleo del concepto mismo de intensidad: concebida como una excepción salvaje de la identidad, de lo cuantificable, solo funciona como intensificación: identificada como intensidad ya no es ella misma. Y como ocupa el lugar de la identidad, deja de ser intensa. Comprendemos bien la paradoja que se dibuja: como conceptualización de lo que escapa a la identidad, la intensidad no puede ser identificada sin perder de inmediato la identidad, esa misma que acaba de recibir. Se dirá simplemente que la intensidad *no se sostiene:* al acceder a ser, lo pierde. ¿Por qué? Porque es el concepto intrínseco de lo que resiste al concepto. Porque es el concepto de lo que deviene, de lo que difiere, de lo inasimilable, de lo que resiste al hecho mismo de ser algo. Parece, pues, que la absolutización de la intensidad por el pensamiento, la concepción de que todo es intenso, conduce fatalmente a la desintensificación tendencial del concepto: cuanto más intenso sea todo, menos puede esa intensidad ser ella misma. Se convierte en todo lo contrario: una regla, una norma, un principio universal de medición y de seccionamiento de las entidades del mundo. En contraposición con el concepto antiguo de sustancia, que significaba un ser subsistente en sí, un ser capaz de mantener su propio ser, el concepto de intensidad designa una especie de ser evanescente que deja de ser en el mismo momento en que empieza a ser, que nunca es lo que es, dado que —y este es el precio a pagar— no se sostiene a sí mismo y, por lo tanto, desaparece si aparece.

La fuerza del concepto moderno de intensidad descansaba sin duda en la fabulosa alianza entre una idea y la imagen eléctrica, que introducía en la idea una especie de salvajismo, un carácter arrogante, indomable, la necesidad del *shock,* del estremecimiento y de la excitación. Cuando hubo necesidad de dejar sitio a este nuevo concepto paradójico, ese carácter, que le venía de su imagen y que posibilitaba la idea de que un puro cambio cualitativo no fuera ya considerado como un defecto, sino como una cualidad, lo hizo inclasificable: la intensidad era más fuerte que todas las funciones que se le podían atribuir. Algo que procedía de la potencia de la imagen eléctrica, hacía que la pura variación, el cambio cualitativo, lo continuo no podían ya contentarse con que se les diferenciara numéricamente de la distinción, de la cantidad y del número. «Intensidad» pasó a ser el nombre moderno de algo irreductible, de todo lo que escapa a la empresa de racionalización y extensionalización del mundo: se trataba, para el espíritu moderno, de designar lo que no se dejaba reducir a cantidad, lo que por tanto no era potencialmente equivalente a otra cosa o intercambiable con una cantidad idéntica de esta otra cosa. Era intenso, en definitiva, todo lo que no podía ser contado. Porque por «intensidad» se entendía el punto ciego de la empresa racionalista: precisamente, el principio de comparar algo consigo mismo. La identidad, cuyo antiguo soporte había sido el concepto de sustancia, podía ser reemplazada por la intensidad. Y todo devenía intenso: todo era de este modo potente, cualificado, diferente pero no distinto; todo tenía un valor, sin poder por ello ser contado, enumerado, intercambiado.

Pero apenas se reconocía algo como «intenso», ese algo comenzaba a dejar de serlo en cuanto tal. A la intensidad se le dio un valor absoluto, no solo en algunas grandes metafísicas de la intensidad moderna (Nietzsche, Whitehead, Deleuze), sino también y sobre todo en aquellas operaciones concretas con las que el saber humano ha categorizado no ya entidades estables, sino procesos. En ese momento de su triunfo absoluto, la intensidad ha revelado su defecto de diseño: apenas la mente se representaba que todo era intenso, aparecía la intensidad como identificada y en cierta manera desintensificada. Por supuesto, esta desintensificación requería tiempo. Pero era una consecuencia inevitable de la conceptualización misma de lo intenso, de esa paradoja de la identidad.

No es por culpa de su concepto por lo que corre peligro toda intensidad, sino por su *percepción*: ya en el momento en que se percibe una intensidad, algo de ella se ha perdido, porque se ha identificado y reidentificado. Para ser percibida, toda intensidad debe aceptar poder ser tendencialmente neutralizada. Pero esta debilidad constitutiva de la intensidad, que se pierde de inmediato en la percepción, cuando tenía que comunicarse a través de ella, se ha convertido en la fórmula secreta que explica la transfiguración de la intensidad, de *concepto metafísico* a *valor moral*. En paralelo con la historia del concepto de intensidad en el terreno del conocimiento abstracto se escribió, por tanto, con la finalidad de sostenerlo, una historia del ideal de intensidad para la percepción y para la vida.

Porque es por nuestra percepción por lo que toda intensidad perece, pero es también por nuestra percepción como puede sobrevivir. Puesto que una intensidad percibida es incapaz de sostenerse por sí misma, es necesaria la intervención de un sujeto, de alguien que la perciba concretamente para prolongarla. No hay mundo intenso sin un ser vivo que sostenga la intensidad.

Para mantener intensidades, por tanto, hay que luchar: no se debe simplemente percibir el mundo, sino actuar de manera que cambien constantemente las intensidades y remplazar lo identificado por lo que todavía no lo es. El sujeto moderno no podía contentarse con *constatar* un mundo intenso, sino que, por inactividad, lo vaciará por completo de toda su intensidad: un sujeto pasivo, observador, un sujeto neutro pronto habría vaciado el mundo de la más mínima intensidad, lo habría agotado, del todo identificado y acabado. Dado que existía un sujeto del mundo, era necesario que ese sujeto se encontrara él mismo movido por un ideal de intensidad, para poder mantener la intensidad constitutiva del mundo.

Para el espíritu moderno, el concepto de intensidad poseía el aspecto seductor de hacer de nuevo necesaria la subjetividad. La subjetividad era, a la vez, puñal y víctima, como en el poema de Baudelaire: la subjetividad, instrumento de destrucción de toda intensidad, neutralizada por el conocimiento, era al mismo tiempo la primera en sufrir esta destrucción que le entregaba un mundo invivible. Pero el sujeto culpable y víctima a un tiempo era también el salvador: el más intenso de los mundos, entregado a la percepción de seres vivos, terminaría siendo totalmente plano. Solo una subjetividad podía salvarlo, entregándose al ideal de buscar en todas las cosas una cierta intensidad, de reemplazar las intensidades muertas por intensidades vivas, de regenerar incesantemente lo que amenazaba fosilizarse por la familiaridad, la costumbre, la identificación; de exigir lo nuevo, lo inédito, algo que fuera eléctrico, algo que no dejara que el devenir se solidificara en ser, las intensidades en extensiones capaces de medición, y las cualidades en cantidades.

Para que pudiera conservarse la intensidad, el mundo nuevo apelaba, por tanto, a la formación de un nuevo sujeto: el hombre intenso.

## UN IDEAL MORAL. EL HOMBRE INTENSO

*Un nuevo tipo de hombre electrizado*

No hay una metafísica de la intensidad sin una moral de la intensidad; ante todo, se necesita al menos un sujeto heroico, capaz de soportar un mundo de diferencias, variaciones, flujos, descargas de energía y juegos de fuerzas, que acepte no confiar más en identidades estables, en ideas eternas, en la perspectiva del reposo, ni protegerse del devenir, del flujo intenso del cambio, con la imagen tranquilizadora de un absoluto; hay que imaginar, pues, una especie de ser animoso, privado de toda hipocresía, que se imagina el mundo tal como es en realidad y que mantiene esa imagen de un mundo que no es sino una suma de intensidades, donde nada permanece siendo lo que es, donde todo es *más* o *menos*. Luego, esa concepción del mundo requiere la aparición de ese sujeto sin el cual las intensidades se anulan a sí mismas y no se conservan a lo largo del tiempo: porque toda intensidad es de por sí evanescente y se neutraliza cuando se convierte en realidad, y porque todo lo que es intenso debe ser irreductible al ser, es preciso que una subjetividad ayude activamente, sostenga y sustente todas las intensidades que percibe —colores, sonidos, ideas—, y luche para impedir que esas intensidades degeneren por su culpa (porque siente y piensa) en identidades y cantidades. Se requiere una subjetividad *intensa,* y como la imagen reveladora de la intensidad ha sido la electricidad, se requiere una subjetividad *eléctrica*.

A medida que la electricidad ganaba importancia en la vida moderna apareció, pues, un nuevo tipo moral: el hombre electrizado. Intentemos trazar un breve retrato del mismo. Es un ser que ya no es sensible a las promesas de la gracia, a la búsqueda de la salvación o de la verdad, que no espera otra vida que lo alivie de esta, que no orienta su existencia con la perspectiva de otra, mejor que la primera, y que concentra todos sus esfuerzos en una sola dirección: la que le permiten reflejar su cuerpo y su vida, penetrados por una corriente cada vez más fuerte. Este hombre no compara sus percepciones con ideas, busca en sus percepciones el recurso de compararlas consigo mismas, a fin de estimularlas y volverlas algo más vivas y brillantes; no relaciona un ser con otro, no reprocha a nada ni a nadie que no sean lo que no son: solo les impone ser con la mayor energía y brillantez posible lo que ya son; no encuentra nada en la naturaleza degradante en sí mismo ni indigno de existir. Todo lo que existe puede y debe existir, incluidas las aparentes monstruosidades de la naturaleza, pero todo debe intentar serlo con la mayor energía posible. En cuanto ser orgánico, nuestro hombre tiene la vocación de intensificar su naturaleza, es decir, sus funciones vitales, las posibilidades de su metabolismo, sus cinco sentidos, su capacidad de gozar, su empatía o su autonomía. No percibe ningún defecto en su ser, como tampoco en el ser de cualquier otro; solo busca realizarlo, no absolutamente (porque nada sabe de perfecciones), pero sí con el máximo vigor que le esté permitido. Su objetivo es un grado máximo de perfeccionamiento e intensificación de sus facultades, de sus sensaciones, de sus concepciones. Por «hombre intenso» o «electrizado» entendemos esa forma vanguardista de humanidad que se constituyó en el siglo XVIII y que acepta gustosa el degradado, la continuidad del espectro de la vida entre su cuerpo y su pensamiento, entre su fisiología y su espíritu, y que tiende a multiplicar las experiencias —amistosas, eróticas, políticas o científicas— con las que podrá conservar la intensidad de las percepciones, comprometido en una lucha a muerte contra el hastío, el cálculo mezquino, la normalidad, la identificación y, más tarde, en el siglo XX, contra la burocratización moderna de la existencia.

El hombre intenso de la Modernidad desconfía de la tradición. Si el espíritu moderno entraña la exigencia de la novedad, es sobre todo por la razón que sigue: hay que alimentar el fuego del cuerpo y del espíritu, que reclama sin cesar nuevas intensidades a medida que se identifican las antiguas y pasan de las brasas de lo desconocido a las cenizas del *déjà-vu*. Porque el mundo solo se carga de intensidad si uno quiere, en verdad, recargarlo de manera constante.

### El libertino, un hombre con nervios

«Queremos que nos conmuevan, dicen ellos, este es el objetivo de todo hombre que se entrega a la voluptuosidad, y queremos serlo con los medios más activos; partiendo de este punto, no se trata de saber si nuestros procedimientos agradarán o desagradarán al objeto que nos sirve, se trata solo de estremecer la masa de nuestros nervios con el choque más violento posible; ahora bien, como no hay duda de que el dolor afecta con más fuerza que el placer, los choques que se derivan en nosotros de esa sensación producida en otros tendrán esencialmente una vibración más vigorosa, resonarán con más fuerza en nosotros, pondrán en una circulación más violenta los espíritus animales que, al fijarse en las regiones bajas por el movimiento de retrogradación que entonces les es esencial, abrasarán de inmediato los órganos de la voluptuosidad y los dispondrán al placer», escribe Sade pensando en «cada vez más hombres de su tiempo», y en los hombres del futuro, en *La filosofía en el tocador*.

Lo que descubre Sade es que la causa o el objeto de una conmoción nerviosa es siempre menos decisiva que su intensidad; poco importa, en última instancia, lo que hagamos sentir al «objeto que nos sirve» placer o tristeza, voluptuosidad o dolor, alegría o tristeza; solo cuenta la intensidad de lo que sentimos nosotros, porque incluso una descarga violenta de dolor en otra persona electrizará nuestros sentidos, los despertará y los dispondrá al placer; de modo que, de acuerdo con una gran idea sadiana, el placer no depende tanto del placer en sí como de la fuerza de ese placer o dolor (y tengamos en cuenta que el dolor «afecta con más viveza que el placer»). El que vive reconoce como valor fundamental la excitación —prescindiendo de su objeto y de su carácter moral o inmoral— tanto para los demás como para uno mismo. Asimismo, de un dolor fuerte se recibe un placer superior al que se deriva de un placer débil, porque la intensidad de lo que se siente es la única medida absoluta de la vida. El que vive se siente vivir por la fuerza de las impresiones de lo que él siente, y un ser vivo adormilado, que sufre menos pero que también siente menos, vive menos. Ahora bien, esta regla sadiana se debe al descubrimiento de la naturaleza eléctrica de los cuerpos sensibles, al difundir los choques nerviosos electricidad en un organismo cuya intensidad varía según la excitación de los nervios, lo cual permite explicar por qué un ser siente existir más o menos. «El placer no es más que el choque de los átomos voluptuosos o emanados de objetos voluptuosos, que abrasan las partículas eléctricas que circulan por las vías nerviosas. Por tanto, para que el placer sea completo es preciso que el choque sea lo más violento posible», explica el libertino Saint-Fond a Juliette, en la novela de Sade.

Adversario e interlocutor del creyente y del filósofo, el libertino del siglo XVIII es el promotor de una concepción materialista del universo; es adepto a la experimentación amorosa y sexual, pero ante todo encarna al primer hombre de la Modernidad occidental. La nervosidad, o más bien el carácter esencialmente nervioso de la vida, es la manifestación evidente del paso de una corriente por el organismo humano. Igual que otros animales sensibles, sujetos al dolor y al sufrimiento, el hombre es una criatura nerviosa, y el libertino intenta regular su existencia de acuerdo con este nerviosismo, haciendo de sus nervios, de su «haz de fibras sensibles», según la famosa imagen de Diderot en *El sueño de d'Alembert,* las cuerdas vibrantes del clavicordio viviente de su cuerpo. De Don Juan a Casanova, de los personajes de De Crébillon a los de De Laclos, de los primeros materialistas a Sade, la figura del hombre intenso es la de un ser poseedor de nervios que aprende a experimentar con los demás y consigo mismo a fin de intensificar su propio sentimiento físico de existir. Al no reconocer ninguna otra norma moral que no sea la intensificación de este sentimiento, el libertino no desea ninguna vida después de la muerte, ninguna vida en la muerte. Él quiere vivir dos veces más en este exacto sentido: el doble que el hombre común. Este es un tema ya presente en Condillac, cuando escribe que «le parece que su ser crece y adquiere una doble existencia».

Primero como filósofo materialista del siglo XVII y luego como experimentador de salón del siglo XVIII, el libertino sirvió de vanguardia a una forma de humanidad que espera vivir *más* regulando lo que sabe, lo que quiere y aquello en lo que cree, de acuerdo con sus nervios, midiendo según la intensidad de las vibraciones que estremecen su sistema nervioso la fuerza de los objetos de sus sentidos y de sus pensamientos.

El libertino es el hombre capaz de mantener esa intensidad de su organismo, y deduce el valor de todas las verdades de la mayor o menor excitación que agita sus nervios. Para un cuerpo vivo no existe otro principio que el que consiste en medir la intensidad de lo que le impacta nerviosamente, que lo que le procura placer o dolor. La moral ordena no medir nuestras acciones a la luz de ideas absolutas y eternas, sino evaluar la intensidad de las impresiones y de las ideas que nos afectan de acuerdo con la intensidad de la corriente que generan en su tránsito por nuestros nervios.

*El romántico, el hombre de la tormenta*

Los nervios del libertino pronto salieron del cuerpo del hombre para echar raíces en la naturaleza entera: el romántico es, de alguna manera, un libertino que, desertando de las ciudades, de los salones, descubre fuera de su cuerpo una especie de nerviosidad de la naturaleza entera, a menudo descubierta en la tormenta. Es el poeta del *Sturm und Drang,* de la tempestad y de la pasión. El hombre intenso de finales del siglo XVIII y del comienzo del siguiente sostiene un ideal de intensidad natural que resuena tanto en sus nervios como en el cielo. Esto es lo que evocan las estrofas, compuestas para un tiempo violento, de Lord Byron: «Estallan las nubes; surcan los cielos las llamas. ¡Oh, momento terrible!». «¡Alzaos pronto, tormentas deseadas!». Exclama René. «Mañana llegará la tormenta», parece responder Hugo.

Esta revelación del poeta romántico, que acompaña a menudo al primer fogonazo amoroso se debe a la repentina revelación de la electricidad natural, del trueno y del rayo, que lo reconducen a su propia electricidad interna.

Libertinos y románticos han encarnado dos figuras de este ideal moral que Jean Deprun propuso llamar «intensivismo», y que implica, según él, a la vez, una concepción del tiempo, de la felicidad y de la persona. Encontramos rastros de este ideal en Rousseau y en Sade. Descansa sobre el descubrimiento de una identidad propia que ya no es sustancial, pero que atañe a un movimiento conjunto de los nervios y del alma, que expresa las fluctuaciones profundas de la personalidad, como poderosas corrientes del fondo del océano. Tal como observa el médico De Sèze, que por aquella época lleva a cabo investigaciones fisiológicas y filosóficas sobre la sensibilidad y la vida animal, «por esta sensación, que está en la base de todas las demás […] tenemos la certeza de que existimos, no solo porque lo sabemos, sino porque lo sentimos: este sentimiento, vivo en la infancia, se pierde o más bien se confunde en los movimientos tumultuosos del alma que acompañan a la edad adulta». Es exactamente el *sentimiento del yo* que obsesiona a los pensadores del siglo XVII, tanto a Maine de Biran como a Cabanis. Biran encuentra el sentimiento absoluto del yo en la intensidad del esfuerzo: el hombre a punto de ahogarse adquiere el sentimiento vivo e innegable de existir, de ser él —un sentimiento que nunca puede ser fiablemente confirmado por el pensamiento abstracto.

¿Cómo tener la certeza de que somos nosotros mismos? Es una pregunta crucial que emerge en aquel tiempo, y a la que las figuras de hombres intensos, libertinos o románticos, proponen respuestas que remiten a la acción: el pensamiento puro no puede darnos certeza de nuestra correspondencia con nosotros mismos, de nuestra identidad, porque la identidad ya no es sustancial, es intensiva. Y además hay que contar con la vida social que me disminuye y me aleja de la sensación máxima de mí mismo. Contra este entumecimiento, solo un vigoroso movimiento interno, un esfuerzo de todo el ser, puede lograr devolver al yo tanto su sentido más profundo como su grado más elevado. El libertinaje y el Romanticismo habrán sido los vastos laboratorios morales, amorosos y políticos de ese proyecto de mantenimiento y fortalecimiento del sentimiento intenso de la existencia que siempre amenaza con disminuir por la edad y la integración social. La felicidad antigua y clásica, identificada con la ausencia de males, con la paz o la ataraxia, da paso en la época de la Ilustración a un sentimiento potente y tormentoso de la vida: «Una mayor intensidad de vida es siempre un aumento de felicidad», escribe Madame de Staël. Esa intensidad de vida es un sentimiento nervioso nuevo que, en el espíritu romántico, renueva los vínculos entre la naturaleza interior y la exterior y expresa una analogía energética entre el yo y la tormenta.

El poeta romántico descubre en los elementos desencadenados una forma de electricidad primordial, una carga de ser más potente que las *planitudes* de la razón y de la sociedad, y decide regular su existencia moral de acuerdo con esa intensidad natural. La tormenta eléctrica le revela su verdadera identidad interior, su naturaleza moral agitada. Recordemos el *Werther* de Goethe: «¡Formas admirables del inmenso universo parecían moverse, animando toda la creación en el fondo de mi alma! Montañas enormes me rodeaban, ante mí se abrían abismos, torrentes tempestuosos precipitaban».

Traspasado de los nervios a la tormenta, del organismo individual a toda la naturaleza, el ideal moral de la intensidad pasará pronto al mundo técnico y al mundo de la cultura. En un pequeño cuadro que data de 1835, Turner, que tantas tormentas pintó, tormentas de nieve, de cielos tempestuosos y violentas lluvias, esboza explícitamente la naturaleza eléctrica del rayo que siempre parece fluir en sus representaciones: en la *piaz-zetta* de Venecia, frente al Palacio de los Dogos, medio iluminando la cúpula de San Marcos y las arcadas de la Biblioteca Marciana, un rayo rasga el cielo y parece formar un arco eléctrico entre la columna que soporta la estatua de san Teodoro y la columna en cuya cúspide se yergue el león alado de san Marcos. Por una extraña coincidencia, exactamente en el mismo año 1835, el escocés James Bowman Lindsay inventa la primera lámpara incandescente: el flujo continuo de cargas eléctricas produce entre los dos polos una chispa, de un resplandor casi cegador; el inventor no registra ni protege su invento, que será comercializado por Edison unos decenios más tarde. En concreto, la lámpara de Lindsay no es una ampolla al vacío y por tanto no permite prolongar indefinidamente la chispa luminosa. Pero el mismo año en que esta primera bombilla primitiva hace su aparición, Turner pinta la tormenta en Venecia como una especie de lámpara natural, de prefiguración de la herramienta futura de la Modernidad, proyectada como un fantasma en el paisaje de la ciudad de los Dogos, que simboliza la cultura europea clásica: se diría que las columnas de san Teodoro y san Marcos constituyen por adelantado los dos hilos conductores entre los cuales el filamento incandescente —en este caso el rayo de la tormenta— se ilumina. Y el casquillo de esa extraña ampolla gigantesca es la plaza de San Marcos.

Más tarde, se introducirá el vacío en la lámpara para un uso duradero. Pero aquí, bajo el pincel de Turner, creemos adivinar una ampolla incandescente *todavía al aire libre*. Mediando entre la sociedad burguesa y la energía natural, la bombilla tempestuosa de esa pintura quizá indica la bisagra exacta, hacia finales del Romanticismo, que no ha cesado de buscar la energía en la naturaleza, y la Modernidad, que la convierte en una práctica, social, como motor del progreso. La lámpara incandescente es la tormenta fundamental pronto dominada, disciplinada, bajo una campana de vidrio que ilumina nuestras ciudades por la noche para permitir que los hombres se desplacen y trabajen incluso en la oscuridad.

Podríamos resumir así la evolución de nuestra figura moral del hombre intenso: el libertino mantiene la electricidad nerviosa de su cuerpo; el romántico descubre, en el microcosmos de su organismo, el análogo de la naturaleza tempestuosa del macrocosmos. El hombre moderno, por el contrario, encapsula esa tormenta, la envasa al vacío y la usa con fines técnicos.


## *El rockero, un adolescente electrificado*

La electrificación de los objetos ha cambiado el ideal de intensidad, que se ha desplazado del mundo natural al mundo técnico. Y esto está lejos de ser algo anecdótico: pensemos en la electrificación de ciertos instrumentos, y más en particular de la guitarra.

En las orquestas de jazz, la necesidad de los guitarristas de hacerse oír entre secciones de metal cada vez más abastecidas, asociada a la posibilidad de amplificar las vibraciones del sonido, desembocó, a partir de la década de 1910, en una serie de experiencias que consistía en acoplar micrófonos telefónicos a los mástiles de los violines, de los banjos y luego de las guitarras. Pero no se conseguía captar, de las vibraciones del cuerpo del instrumento, más que una señal muy débil y parasitada por la sonoridad natural de la caja de resonancia. La primera guitarra eléctrica oficialmente reconocida, en 1931, todavía presenta un cuerpo hueco de madera de arce. Pronto, sin embargo, a partir del desarrollo de la casa Rickenbacker, y luego del de las empresas Dobro, Audiovox, Epiphone y Gibson, la guitarra puramente eléctrica adopta un cuerpo sólido: aficionado a la música hawaiana, George Beauchamp entiende, al tratar de electrificar las *steel guitars* acústicas, que las propiedades acústicas del sonido, como la resonancia, son en realidad perjudiciales para el diseño de un instrumento eléctrico. Su guitarra diseñada en 1932, que parece una sartén de aluminio *(frying pan),* ya no se basa en los antiguos principios de la resonancia y permite aumentar a voluntad el volumen del sonido producido gracias a un micrófono, partido en dos imanes en forma de herradura, que envuelven las cuerdas, a los que se agrega una bobina que consta de seis piezas polares para concentrar el campo magnético debajo de cada una de las cuerdas, cuyas vibraciones capturan.

La Oficina de Patentes de Estados Unidos se muestra particularmente incómoda con este objeto técnico, al no conseguir determinar si se trata de un instrumento de música o de un aparato eléctrico. En realidad, se trata de ambas cosas a la vez, y este *instrumento eléctrico,* que utiliza la corriente y su intensidad para amplificar el sonido, hace que, a partir de ese momento, la música pase al elemento eléctrico. Pero no solo: conecta, por así decir, la electricidad de los instrumentos técnicos con la electricidad del cuerpo, con la nervosidad natural. Tanto es así que, después de unas pocas décadas, la guitarra eléctrica se convirtió en el emblema de la tercera y última encarnación de nuestro hombre intenso, después del libertino y del romántico: el adolescente rockero.

Inventado en el ámbito de la poesía, el adolescente rebelde, el hombre que ya no es un niño y que no es todavía un adulto, es ciertamente un retoño del hombre romántico, pero desarrollado en las culturas populares del siglo XX, sobre todo en el *rock'n'roll*.

El adolescente es ante todo un ser hormonal, movido por el deseo, la rabia y la frustración. ¿Y qué es el rock? Hormonas electrificadas. La grabación de la música y la amplificación eléctrica, especialmente de la guitarra, han generado la imagen sonora, exultante y violenta al mismo tiempo, de un ser pubescente, cuya libertad está coartada por los padres, la familia y la sociedad. Los nervios y la tormenta interior del hombre joven y de la mujer joven, educados en la sociedad de consumo, libres y a la vez insatisfechos, han vibrado con la corriente eléctrica, formados y deformados por los pedales de efectos, estallando con los bafles, ante un público desencadenado: los nervios del libertino y la tormenta del romántico han encontrado una culminación técnica e industrial en la electricidad desacomplejada del *rock'n' roll*.

Hay en realidad una figura moral del rock eléctrico: es el narrador desalentado de *Summertime Blues,* de Eddie Cochran, obligado a trabajar todo el verano para embolsarse unos pocos dólares, que espera llamar a su chica y apalabrar una cita, pero a quien el patrón responde: «De ninguna manera, te quedas a trabajar hasta tarde»; es Mick Jagger quien repite que no encuentra satisfacción, y Roger Daltrey quien farfulla que quiere morir antes que hacerse viejo; es Marc Bolan, maquillado de «guerrero eléctrico»; es Feargal Sharkey quien quisiera entregarse a su placer de adolescente toda la noche, con la voz ahogada por el deseo. «¡Tengo dieciocho años y no sé lo que quiero!», grita Alice Cooper. «Yo canto al rock eléctrico», proclamaba el manifiesto crítico de rock escrito por Yves Adrien en la década de 1970, parafraseando el poema de Walt Whitman: «Yo canto al cuerpo eléctrico». Este Romanticismo electrificado que evoca Jean-Jacques Schuhl en *Rose Poussière* (Polvo Rosa) en parte dio origen al rock como género musical y como moral: la fiel transcripción de los movimientos hormonales de la pubertad, las ganas de hacer el amor, de gritar, de aullar, pero filtradas por ideas románticas, por la rabia y el ideal, y descargadas a través del impulso eléctrico.

Este ideal de juventud intensa y eléctrica, que se expresó después de la Segunda Guerra Mundial, quizá haya constituido el último gran modelo moderno del hombre *fulgurante:* la fascinación por el joven rockero ha sido el indicio de una última pasión moderna compartida por un público cada vez más amplio, por esa moralidad —la vida acelerada, el desajuste de todas las sensaciones, el deseo de dejarse penetrar por las intensidades de todo lo que llega, la impresión de que el pico de una existencia se sitúa en su adolescencia, en su pubertad, de que la experiencia adulta no es más que una serie de acomodamientos, de renuncias, una larga y lenta disminución de la intensidad vital—. Ahora bien, esa figura del rockero es el resultado democratizado de las metamorfosis, durante tres siglos al menos, de un ideal moral. Con el rock se ha ofrecido a todo el mundo. Dicho de una manera burda, para la aristocracia del siglo XVIII ese ideal se había expresado en el experimento libertino; en el siglo XIX se extendió a la burguesía ilustrada, sensible al Romanticismo; en el siglo XX, finalmente, fue domesticado, democratizado y tecnificado mediante los instrumentos eléctricos; el hombre intenso ha mantenido primero las intensidades en su cuerpo y luego en la naturaleza entera, y al final las ha democratizado mediante las técnicas de la amplificación, la grabación y la difusión mecánica.

El libertino del siglo XVIII, el romántico del siglo XIX, el adolescente y el rockero del siglo XX son, desde este punto de vista, tres figuras de una misma historia secreta, la de un ideal europeo y luego más ampliamente occidental, cada vez más popular, de la vida concebida como una experiencia eléctrica para mantener la intensidad de un mundo moderno siempre al borde de hundirse en una especie de depresión de la razón. Son tres figuras de un mismo tipo de hombre, que no solo se propone aprovecharse de los beneficios materiales de la electricidad y lleva luz al hogar, calefacción, electrodomésticos, sino que deja que la electricidad lo penetre para exaltar todo su ser. Este proyecto se ha difundido ampliamente entre la juventud del siglo XX. Y esta democratización no ha dejado de tener consecuencias: la intensidad como un ideal compartido por el mayor número posible representaba no tanto un ideal moral de algunos hombres excepcionales, sino un método general de dirigir la propia vida. Por tanto, ya no podía pertenecer en absoluto a una *moral* particular, sino que más bien debía servir de referencia a una *ética* mucho más general.

## Moral adjetival, ética adverbial

La distinción entre moral y ética quizá se deba a la diferencia gramatical entre adjetivo y adverbio: el objeto de una moral está determinado por un adjetivo; el objeto de una ética por un adverbio. De acuerdo con una fórmula de Jacques Brunschwig, citado por Frédérique Ildefonse, que se aplica al estoicismo, pero que también vale para las doctrinas de Platón y de Aristóteles, «la ética es adverbial». Lo propio de una ética es definir un adverbio, que indica de qué *manera* hay que vivir. Y, al contrario, podríamos afirmar, la característica principal de una moral es valorar uno o varios adjetivos, que significan la *cualidad* que es preciso adquirir. Una moral me ordena ser justo, ser digno, ser respetuoso; una ética reclama que sea *justamente*, que sea *dignamente*, que sea *respetuosamente* lo que soy. Podemos ser justamente injustos; podemos hacer bien el mal; y podemos hacer el bien malamente; la ética es una cuestión de forma, de manera de hacer, y por eso es adverbial: no se refiere a contenidos. La moral, por su parte, fija valores, ideas, sin decir nada sobre la manera de ajustar el comportamiento a esos valores o a esas ideas.

Quizá no haya moral sin ética, y ética sin moral; pero esta simple distinción hace posible comprender que los valores que los sujetos se dan pueden fijarse en los contenidos o en las formas de actuar. En la mayoría de las morales antiguas, las definiciones de supremo bien, de virtud, de felicidad, destaca Frédérique Ildefonse, se expresan bajo la forma de un infinitivo determinado por un adverbio: el fin es «vivir en conformidad con la naturaleza», por ejemplo. La ética descansa sobre ese «en conformidad». Pero generalicemos: una proposición ética se refiere de manera sistemática a una manera, y se expresa mediante un adverbio o una locución adverbial, de forma que una misma proposición ética puede recibir dos contenidos morales contrarios. Uno puede actuar fielmente por un imperativo que lo obliga a decir siempre la verdad o a mentir para salvar a alguien; este imperativo será fiel, desde el punto de vista de la ética, tanto en un caso como en el otro, pero su moralidad puede no ser la misma. Asimismo, dos personas pueden tener la misma moral —y compartir, por tanto, valores idénticos, pero refiriéndose a ellos de manera diferente— y actuar siguiendo éticas opuestas. Casi siempre desarrollamos dos tipos de amistades: amistades morales y amistades éticas, amistades adjetivales y amistades adverbiales. Mantenemos afinidades con personas con las que compartimos ideas, valores, gustos y principios, pero que no tienen nuestras maneras de hacer, nuestras formas de pensar, de actuar, o nuestro discernimiento. Pero también somos amigos de otras personas, cuyos principios morales o políticos nos son extraños y hasta nos pueden sorprender, pero reconocemos en ellas nuestra forma de hacer, de pensar, una especie de ética idéntica. En este caso, la relación que mantenemos con nuestros valores nos aproxima, aunque los valores respectivos puedan alejarnos. Toca a cada cual, sin duda, decidir si preferimos amistades morales o amistades éticas, si damos más importancia al hecho de entendernos que a los contenidos morales o al hecho de relacionarnos de igual manera con estos contenidos morales, por diferentes que puedan ser.

Parece realmente que, en un primer tiempo, la intensidad puede haber servido de *moral:* el libertino, y también el romántico, buscan la intensidad nerviosa, sentimental o existencial. Se concibe entonces una especie de ideal moral excitante sobre el que cada cual calca su comportamiento, al que cada cual aspira y trata de mantener en sus amores, sus amistades y sus discursos: el entusiasmo que la Europa del siglo XVIII hereda como valor cardinal de la vida sirve de contenido positivo tanto al erotismo como a los militantes revolucionarios. No obstante, la intensidad, en cuanto concepto, nunca permanece como contenido. Dado que significa resistencia a la identificación es, ante todo, una *diferencia.* Y en cuanto es relación rápidamente deviene en *manera* más que en objeto.

A la moral del hombre intenso pronto siguió una simple ética. Y esta ética pudo difundirse más ampliamente porque era compatible con todas las creencias, o con casi todas. Y como la intensidad se convirtió en principio más en una ética que en una moral, se democratizó. Por supuesto, la inversa también es válida: como la intensidad se democratizó, su contenido moral era menos importante que su forma compartida por una gran mayoría. Quizá no se estaba de acuerdo con lo que debía vivirse, pero estaba la posibilidad de ponerse de acuerdo sobre la manera de vivir: intensamente.

# UN IDEAL ÉTICO. VIVIR INTENSAMENTE

*Contra el aburguesamiento de las intensidades*

Como ideal moral, el carácter intenso del libertino o del romántico podía todavía oponerse a lo no intenso. Pero, a medida que la intensidad se convertía en un ideal ético para todos, incluso lo que era menos intenso pudo ser experimentado, percibido y representado de una manera electrizante. El hombre débil también podía existir vigorosamente.

Ahora bien, durante mucho tiempo, el ideal de intensidad se había mantenido por su oposición a figuras que encarnaban la negación de la intensidad vital. El libertino, el romántico o el adolescente eléctrico se enfrentaban a las normas sociales y a los partidarios del orden establecido representados por el sacerdote, el magistrado o el profesor. Sirviendo de contrapunto del hombre intenso, estas contrafiguras constituían un blanco habitual de la sátira, dentro de los márgenes de la cultura oficial, de los poemas de la bohemia o de las fantasías de los Zutistas. Alimentaban folletos, panfletos, manifiestos insolentes de vanguardistas rusos o alemanes, del surrealismo, del situacionismo. La oposición a la no-intensidad vital del orden social era el motor del espíritu vanguardista y osado. De modo que artistas o revolucionarios podían fustigar las vías previsibles, que no sostenían la intensidad fundamental del mundo.

Todo el tiempo que estuvo vinculado a un contenido moral particular, el hombre intenso podía encontrar interés en todo, excepto en ese hastío de los hombres que realmente no viven. Para ser más precisos: podía encontrarlo incluso en ese hastío, a condición de que se tratara de un gran tedio, es decir, de un tedio fabuloso, de la neurastenia extraordinaria de Bartleby o de Oblómov, o también de la inacción escenificada por la estética de la «incomunicabilidad» de la década de 1960, en las novelas de Moravia o las películas de Antonioni.

Lo opuesto del hombre intenso no es, en principio, el hombre que experimenta la débil intensidad de su vida, porque esa experiencia es susceptible de una transmutación intensa, por una alquimia propia de la Modernidad, que transforma lo débil en fuerte, lo pequeño en grande, el vacío existencial en alivio estético y la inacción en actividad. No; lo contrario del hombre intenso es sobre todo el *débilmente débil,* es decir, el hombre promedio.

Es el hombre tibio.

En el discurso amoroso, poético o político, esta tibieza casi siempre es indigna. A menudo el lenguaje de la exaltación gozosa se reserva para los hombres que pertenecen a nuestro bando. Para nuestros peores enemigos utilizamos un vocabulario injurioso, pero vehemente. Pero solo términos que expresen disgusto y deshonor permiten señalar a los que no eligen, a los que *son un poco de todo,* pero *no son intensamente nada.* «¿Qué podemos salvar de tan poco deseo, de tan pocas convicciones y apetitos que definen al tibio?», se pregunta Philippe Garnier en su ensayo sobre ese tema. El tibio es también el neutral. Deshonrado por su falta de compromiso, sinónimo de cobardía, es el hombre parado a mitad de camino, que mantiene afinidades con todo el mundo, esperando que decida la historia. Potencial traidor en todos los campos, el neutral es el que esquiva contradicciones. El neutral, por tanto, aparenta no estar cargado de intensidad fuerte, ni en un sentido ni en otro. Descargado, no es un ser impoluto, sino solo falto de potencia. Es mediocremente aquello que es.

Lejos de la *aurea mediocritas* (el «justo medio») cantada por el poeta latino Horacio, la mediocridad ha connotado cada vez más en poesía, novela, películas y canciones modernas el defecto irreparable del hombre medio, que también es el hombre «banal». Más vale una intensidad fuerte de cualquier cosa, incluido el sufrimiento, que una verdad, una belleza o una vida mediocre.

Quizá debamos ver en esta convicción el residuo de una ética aristocrática en tiempos democráticos: ya no juzgamos el contenido de un comportamiento; preferimos valorar la excelencia de sus formas y valorar su intensidad, pues la verdadera nobleza descansa en las maneras, no en el nombre. Que seas fascista, revolucionario, conservador, pequeño burgués, santo, dandi, hombre bueno, timador o truhán es lo de menos, pero sé eso con fuerza. Realmente ya no importa tanto ser un hombre intenso, sino ser intensamente el hombre que se es. Este es el giro democrático que tomó el término.

En este sentido, la intensidad es un ideal tan suficientemente flexible que puede envolver su contrario.

Y ha sucedido, cada vez más a menudo, que la banalidad, la neutralidad, la depresión o la mediocridad se han recuperado con una fuerza inesperada. En este caso, el hombre intenso reconocía honestamente el valor potencial de la mediocridad. Desde el momento en que la mediocridad no se establecía de manera mediocre, ni la banalidad de manera banal, se podía tener con ellas una experiencia estimulante. Las primeras novelas de Houellebecq proporcionan buenos ejemplos de eso mismo. La Modernidad elogió la evocación potente de la lasitud existencial, de los momentos vacíos, de la baja intensidad de la sensación, de la creencia y del pensamiento. Encontramos descripciones cautivadoras en los relatos de Chéjov, Carver o Munro, que sondean el misterio de la vida ordinaria, la profundidad emocional de las existencias que parecen reducirse a su superficie de aguas durmientes. Con el progreso de la literatura por zonas largo tiempo arrojadas a la penumbra de la existencia cotidiana democrática, todo aquello que resistía a la intensidad ahora le cede el paso. El hastío, la mediocridad, la existencia provinciana han adquirido una especie de electricidad estética, de apagado brillo, que ya se incubaba en las novelas de Flaubert.

¿Qué quedaba, entonces, para resistir a esa intensidad estética? La encarnación social de lo *medianamente medio*. A esa encarnación se le dio un nombre, muy apreciado por los espíritus modernos: *le bourgeois*. «La mediocridad es burguesa», resumía Simone de Beauvoir en *Memorias de una joven formal*. Todos los que, durante poco más de un siglo, han deseado desesperadamente la intensidad para vivir y pensar han odiado esa clase social intermedia que no era ni la aristocracia depositaria del pasado ni el proletariado al que parecía estar prometido el futuro. No había peor insulto para el hombre moderno que «¡burgués!». ¿Qué significa «burgués»? Significa: «No tienes intensidad». El burgués —conocemos la caricatura en forma de pera del rey Louis-Philippe— es el fofo. Es el que come hasta saciarse, y un poco más, feliz consigo mismo, satisfecho de sí mismo; es el Homais de Flaubert, el objeto de los sarcasmos de Rimbaud y de los jóvenes de la canción de Brel (*Les bourgeois c'est comme les cochons* —Los burgueses son como puercos—). «Es el justo medio, botánico y panzudo», se mofa Verlaine en un divertido verso de *Monsieur Prudhomme*. De Borel, Baudelaire, Daumier, Courbet a Bob Dylan (su personaje inhibido de Mr. Jones en la canción *Ballad of a Thin Man*), el burgués es aquel que se resiste de manera pasiva a la intensificación de sus sentidos. Es, iluminado por la lámpara de su sala de estar, el hombre privado de electricidad interior.

Hombre instalado, sedentario, casado, con la vida programada, hombre seguro, de mente estrecha y formateada, que ama moderadamente el amor, que de ciencia sabe exactamente lo necesario, comerciante, contable, es el punto de equilibrio de la sociedad. Pero también ha sido el último punto de resistencia social a la intensidad ética. Y, paradójicamente, el hecho de resistirse a ella le permitió mantenerse. Ante la adversidad burguesa, la idea de vivir intensamente tomaba todavía un significado transgresor y electrizante. Aún más que el sacerdote o el filósofo que da lecciones, el burgués ha representado sin duda lo último *contrario* a la intensidad. El burgués no es un hombre dado al peligro o al riesgo. No se permite nunca el sobresalto sin estar seguro de su seguridad. El aburguesamiento es el riesgo, para el alma, de la ausencia de riesgos: «La aniquilación en el alma de toda angustia trascendente favorece el advenimiento de la planitud burguesa», decía Berdiaef en *El destino del hombre contemporáneo*, en 1934.

Pero el burgués también quiso ser intensamente lo que era, estar confortablemente instalado y estremecerse no obstante en su sillón, dispuesto a vivir pequeñas estimulaciones diarias. Después de todo, la experiencia del «beso de Leipzig» se orientaba desde el principio a la burguesía. El espectáculo y el consumo de intensidades y de descargas eléctricas cristalizaron en la promesa de una sociedad del ocio, de Nickelodeon, de cine, de parques de atracciones. Por doquier, las mercancías proponían a los que se ganaban la vida gastarse el dinero para sentirse vivos. Entonces saltó el último contenido moral que resistía a la universalización de la intensidad ética.

Y esto nos lleva de nuevo a la descripción, al inicio de nuestro estudio, de nuestra común condición. Como la intensidad ya no se determina como contenido, sino solo como manera, cada cual puede intentar adquirir los medios con que salpimentar su existencia demasiado sosa: un ligero impulso eléctrico puede dar a nuestra rutina diaria un giro estimulante. A medida que se generalizaba su principio ético, el hombre intenso se ha visto condenado, por tanto, a inventar *astucias* para evitar el aburguesamiento que constantemente amenaza su sentimiento de vivir.

*Primera astucia: la variación*

La primera de esas astucias para frustrar la normalización burguesa de la vida consiste en interpretar la intensidad como *variación*. Invirtiendo los valores del pensamiento clásico, el hombre intenso descubre que sus sensaciones le permiten percibir mejor el paso de un estado a otro que lo que permanece en el mismo estado. La variación puede valer, por tanto, como principio de rechazo de la domesticación del sentimiento: amar exclusiva y fielmente a la misma persona es condenarse a dejar que se amortigüe el sentimiento amoroso en su momento más álgido. Para despertar y galvanizar el deseo es necesario cambiar, conocer diversas pasiones, experimentar amores de todo género, medir sin cesar lo que los separa, descubrir lo desconocido; la experiencia humana solo se forja a través de la alteración permanente de su objeto. Desde este punto de vista, lo idéntico debilita y lo diferente fortalece el sentimiento.

Para no aburguesarse, es necesario *modular* las experiencias. El hombre intenso se involucra en una carrera contra toda forma de identificación, a la vez, de lo que es, de lo que sabe y de lo que siente. Quizá porque la percepción capta esencialmente relaciones, el hombre intenso no percibe nunca la cosa en sí, sino lo que distingue una cosa de otra, o el rasgo de unión invisible entre dos momentos, entre dos seres. Aquello de lo que es capaz un ser sensible nunca se revela si no es a través del contacto con otro, y es pasando constantemente de una relación a otra como se realizan las potencialidades de su naturaleza. Hay que decir, además, que el hombre intenso se cansa rápidamente. Siempre quiere ser otro. Por miedo al aburguesamiento, se inquieta. Todo lo que le promete el pensamiento como ideal o definitivo se disuelve rápidamente, por lo que siente la necesidad urgente de pasar a otra cosa. Lo que permanece invariable es posible que sea verdadero, pero no está vivo. Lo que permanece simple, cierto, inmutable satisface sin duda al intelecto —que es la parte muerta de nuestro cuerpo—, pero rebaja en nosotros el sentimiento vital, que solo se anima realmente cuando sus modificaciones variables se reflejan, como en los juegos de agua o en un cielo cambiante, en una música. Receloso frente al pensamiento, el conocimiento y el lenguaje, que reducen la variación viva a entidades estables, a cantidades, y hacen que el mundo sea invivible, el hombre intenso busca actuar astutamente con su propio pensamiento y concebir una metáfora original de lo que se le escapa. Le parece preferible ofrecer a su espíritu y a su percepción un objeto iridiscente, una variación perpetua del ser, una especie de movimiento sin móvil. Como se trata de luchar contra todo acomodamiento, toda petrificación de la sensación de vivir, esta astucia se expresa muy comúnmente comparando la vida verdadera con la música. Del Romanticismo al rock, la forma musical ha aportado la imagen más fiel de lo que rechaza someterse, en lo más íntimo de cada uno, al lenguaje, al concepto y a la inmovilidad. «Movimiento sin soporte» según la fórmula de Boucourechliev, la música sirve de ética libre ya que, reanudando el análisis de Bernard Sève en *L'alteration musical*, «nada en el proceso musical puede permanecer quieto, idéntico a sí mismo; la simple prolongación de una nota en el tiempo, *a fortiori* su repetición idéntica, son ya producciones de diferencia».

Impulsado por el ideal adverbial de actuar, sentir y pensar tal como impacta la electricidad, el hombre moderno que lucha para no aburguesarse ya no se siente movido por lo que permanece igual *a priori*. Ha perdido el gusto por las identidades, apenas percibe lo que no cambia: un acto que se reitera indefinidamente, en el trabajo estandarizado, se le hace intolerable; la idea misma de eternidad le produce bostezos, el mármol lo deja frío, todo lo que niega la vida y su versatilidad musical le impacienta: lo absoluto o la perfección le parecen una carencia de ser, una impotencia de llegar a ser que se debe a la escasez de su contenido de intensidad. El objeto supremo de la contemplación religiosa o de la sabiduría le parece, una vez comparado con el ideal vivo de la variación, una debilidad máxima. En música le gusta la alteración porque la repetición es una prefiguración del infierno. Se asfixia no solo tan pronto como carece del sentimiento de lo posible, como el hombre de Kierkegaard, sino tan pronto como se ve condenado a tener que *reconocer* aquello que *conoce*. Lo que es igual le es igual, él necesita de lo que es *más* o *menos;* prefiere los cambios de los pareceres inciertos a las certezas establecidas. Curioso por todo, puede saborear el dolor tanto como el placer, siempre y cuando cambie y él sienta el movimiento, y una especie de melodía —consonante o disonante— del sentimiento de vivir.

*Segunda astucia: la aceleración*

Pero una manera y un cómo pueden convertirse rápidamente en un contenido, y toda ética amenaza con no ser más que una moral: hacerlo todo *variando* viene a ser no hacer nada aparte de *variar*. Variar inmutablemente. Caso de conciencia muy común: uno que no vivía más que de subversión y de insolencia ha acabado transformando la transgresión en norma. Helo aquí convertido en una especie de burgués a su pesar. Esta vaga perspectiva es el fantasma del hombre intenso moderno, que espera mantener su propia intensidad e impedir que se convierta en una norma.

Hay que inventar, por tanto, una nueva astucia del pensamiento para desbaratar ese aburguesamiento. Nuestro hombre intenso que se resiste a la instalación confortable de sus sensaciones no entiende la intensidad solo como un sistema de *variación,* sino también como un *aumento* continuado: no es suficiente que las intensidades varíen, falta además que progresen. Para no quedarse parado es necesario que todo vaya siendo cada vez más fuerte. Me acostumbro al paso episódico del dolor al placer, del gozo a la tristeza, de la oscuridad a la claridad: es un orden establecido, ahora tranquilo y tranquilizador. Tras la lluvia, buen tiempo. Contra esta familiarización de las intensidades es indispensable que el dolor se acentúe, que me rompa en pedazos, que una satisfacción cada vez más potente invada mis miembros, que mis provocaciones sean aún más impactantes, que la idea que me guía se radicalice, pero también que la noche se muestre más oscura, que el ruido estalle con más fuerza y que el amor me arrebate con más violencia. Nuestro hombre intenso tiene que desear aumentar todos los signos, todos los efectos de su vitalidad, con la esperanza de combatir el espectro de la inmovilización existencial, esa entropía del deseo. Y para la acentuación necesaria de las intensidades, no puede haber término. Es una intensificación infinita que se confunde con el esfuerzo mismo de la vida, que se comunica de inmediato a todas las esperanzas: el progreso de las ciencias, la marcha de la historia, el desarrollo de la prosperidad económica aguijonean al hombre intenso, que sabe que no puede mantener la intensidad si no es al precio de hacer que todo sea más vivo y más acelerado. El hombre intenso del libertinaje o del Romanticismo se convierte pronto en el hombre exaltado de los movimientos de vanguardia, del surrealismo, del futurismo, del constructivismo, portador del proyecto de una humanidad nueva. Espera «mantener el terreno ganado», según la expresión de Rimbaud. De generación en generación, reclama un gran avance, un avance decisivo en el campo de la poesía, del pensamiento, de las artes visuales, de la política o la moral. ¡Adelante! Aquello que acelera sin cesar, a la velocidad de los automóviles, de los trenes, de los aviones, nos lleva lejos del mundo prehistórico y mítico, donde la repetición era el valor superior de la cultura. Los poetas Apollinaire, Marinetti o Pessoa, cuando se muestran cansados del mundo antiguo, esperan de la vida moderna que aumente nuestras percepciones para apartarnos de lo ordinario de las viejas ideas y de las obras clásicas. El modernismo, desde este punto de vista, es la droga más potente del espíritu: promete una sobreexcitación inimaginable de toda nuestra humanidad alejada de la banalidad. Por supuesto, uno se acostumbra a esa droga. Eso no es grave: hay que aumentar la dosis y acelerar una vez más el movimiento mediante el pensamiento.

Desde que hemos entendido el programa de la historia, anota Baudrillard, vamos más lejos que ella con la mente. «Y esa mutación se debe a una aceleración: tratamos de ir cada vez más deprisa, aunque de hecho ya hemos llegado al final. ¡Virtualmente! Pero al menos estamos ahí». Las teorías de la singularidad, como también el movimiento aceleracionista de Nick Srnicek y Alex Williams, representan esa astucia modernista. La velocidad moderna que cautivaba a los poetas ya no basta, y los viejos automóviles parecen muy lentos medio siglo después. Podemos emocionarnos con la velocidad de los coches actuales, pero siempre sabemos que son más lentos que los de mañana. No hay que detenerse por el camino: debemos ir *aún más rápido* que el movimiento actual. Por eso lo propio de la tecnología es representar la aceleración del progreso tecnológico hasta un punto en el que una máquina superinteligente desplazará a la inteligencia humana. El *Manifiesto aceleracionista* de 2013 rechaza la timorata crítica del neoliberalismo y del progreso de las técnicas de la antigua izquierda para defender su aceleración desde el pensamiento progresista: la emancipación no consiste en ralentizar la intensidad del progreso, sino en ir aún más rápido que él con el pensamiento y en imaginar de nuevo «un futuro más moderno». Para que de nuevo sea emocionalmente placentero hay que intentar excederse en su representación, que ya se hizo demasiado familiar. No debemos aceptar la fatiga del espíritu conservador, sino inventar más y ser más libres. Continuar progresando como antes es no avanzar, y será muy pronto volver atrás, ser reaccionarios, por tanto. Hay que acelerar el paso e ir *más rápido que la música*. Solo se progresa al precio de «acelerar siempre más y más el proceso de desarrollo tecnológico».

Por supuesto, el placer de la aceleración depende de la lógica de la adicción. Con la idea de progreso las cosas van igual que con la impresión de satisfacción aumentada por la morfina. Tempranamente, Thomas de Quincey describió y analizó este efecto adictivo: «Todo organismo [...], que haya recibido durante algún tiempo morfina, siente la necesidad de recibir dosis cada vez mayores: es una necesidad somática. [...] No hay nadie, creemos, por fuerte que sea, por letrado y enérgico que sea, que pueda ser excepción a esa regla». El efecto de la morfina y del opio, que De Quincey ya describe en 1822 como un «divino veneno» es paradójico: es un aumento (de deleite) que, si se mantiene, disminuye y solo se mantiene a condición de que aumente. De Quincey, traducido al francés por Baudelaire, es de los primeros que intuye esta paradoja: lo que permanece igual, decae, por lo que un aumento regular acaba siempre pareciéndole a la sensibilidad un estado estacionario. En todo progreso percibido, el hombre intenso descubre que su sed de aumento solo puede ser saciada por un aumento duplicado. Siente de manera confusa que cuanto más crece su sentimiento, más difícil va a ser hacerlo crecer.

Por tanto, una tercera y última astucia nace en su mente.

Cuanto más difícil va siendo mantener el sentimiento de progreso, más se imagina el hombre intenso una experiencia que siga siendo la más fuerte y no tenga necesidad de ser aumentada para conservarse. «Es *la primera vez*, señora, y es la mejor», dice un verso de Paul-Jean Toulet. Rimbaud canta, en *Mañana de embriaguez* el poder superior de la primera vez: «¡Hurra por la obra inaudita y por el cuerpo maravilloso, por la primera vez!». A diferencia del «divino veneno» de De Quincey, cuyo efecto disminuye a medida que hay que aumentar la dosis, la primera vez es, escribe Rimbaud, un «veneno que ha de permanecer en todas nuestras venas aun cuando, ida ya la fanfarria, seamos devueltos a la antigua armonía». Esa pura promesa, que es toda primera experiencia, da paso a la repetición, a la habituación y a la erosión del sentimiento con la edad. Pero, al luchar contra el aburguesamiento, el hombre intenso se imagina el tesoro de la inocencia como una intensidad máxima, allá en el origen de la experiencia. Esa imagen lo alivia de un progreso adictivo y cada vez más difícil de mantener. Es el bálsamo que mitiga los dolores del progreso forzado: la nostalgia. Pero la nostalgia es un sentimiento antiguo, mientras que el hombre intenso moderno, para contrarrestar las dificultades de tener que mantener un progreso acelerado, ha dado con un ardid quizá más sutil, y en todo caso paradójico: la fascinación de la conciencia por la inocencia, el agradecimiento por la experiencia intensiva de la intensidad superior de las primeras veces.

«*When is the last time that you did something for the first time?*» (¿Cuándo fue la última vez que hiciste algo por primera vez?), pregunta el rapero Drake. Nuestro hombre varía, nuestro hombre progresa, acelera, pero también da importancia a sus primeros gestos, a sus primeros encuentros, teniendo en cuenta que sus experiencias cada vez más intensas lo alejan fatalmente del punto de impacto inicial en su sensación, cuando su coeficiente de intensidad era el más alto. Este es el sentimiento que expresa la canción de Roberta Flack, *The first time ever I saw your face* (La primera vez que vi tu rostro), cuyas estrofas enumeran luego: «*The first time ever I kissed your mouth*», «*The first time ever I lay with you*» (La primera vez que besé tu boca, La primera vez que dormí contigo). Sin duda, al final la cantante espera que ese amor dure siempre, pero también nos dice que la primera vez siempre será la más fuerte, y su recuerdo emocional será el condimento de las veces que sigan. La primera vez que bebí, la primera vez que fumé, la primera vez que amé, la primera vez que besé, la primera vez que di a luz... Por supuesto, la segunda vez autoriza a aumentar, afinar, corregir o profundizar el sentimiento de la primera experiencia. Pero solo en la primera experiencia el sentimiento se entrega *por entero*. Todo lo que nos llega por segunda vez pierde intensidad en este sentido preciso: la primera vez es la única vez que puede ser la única. La segunda ya no es una experiencia única.

Refiriéndome a la palabra *primavera* y al verismo, movimiento estético que buscaba la verdad en la realidad, propongo llamar «primaverismo» a esa tendencia del hombre intenso —que no puede quedarse satisfecho solo con la variación y el progreso— que consiste en atribuir a la primera experiencia y, por extensión, a la infancia, a la pubertad, a los primeros tiempos o a los períodos primitivos de la historia, una verdad superior. Es «primaverista» quien cree que, en el fondo, nada es más fuerte que lo que empieza, y que todo lo que progresa, crece o se desarrolla no hace sino perder intensidad. La fetichización en la cultura pop de la adolescencia de hoy, como verdad de los sentimientos humanos, por ejemplo, viene de este «primaverismo»: la primavera tiene la prioridad en todo, porque las sensaciones de un organismo que despierta a la vida son las más poderosas. Eso es lo que explica la mayoría de los *revivals* estéticos, el recurso de volver a las canciones o a los clichés de la propia juventud. Podría explicarse por ese mismo principio el gusto primitivista del arte moderno por el arte primitivo o por el *art brut,* pero también la inversión del progreso llevada a cabo por algunos artistas, como Breton, que prefieren siempre la «visión primitiva» a la desecación producida por la conciencia y la racionalización. Reconocemos ahí los efectos indirectos de la idea de Rousseau del distanciamiento histórico del sentir natural, el más vivo. Los libertinos jugaron eróticamente con ese «primaverismo». La Marquesa de Merteuil se divierte y disfruta con la inocencia original de Cécile de Volanges, porque esa «primavera del sentimiento» le está prohibida a ella debido a que su conciencia ha aumentado. Y Lorenzaccio quiere «ver en una niña de quince años la ramera que ha de llegar», en la inocencia, por tanto, la imagen de la corrupción inevitable del sentimiento.

Entendemos el truco: la intensidad sigue siendo un ideal que, en lugar de estar frente a ti, en el futuro, como un objetivo, se desplaza al pasado, como un origen o un hogar.

Pero, en última instancia, las tres astucias que han de permitir continuar viviendo intensamente, variando, acelerando o atribuyendo la intensidad máxima a la primera vez (y lamentándola), amenazan con neutralizarse unas a otras. Variar cada vez más frenéticamente es renunciar a hacer progresar una misma idea o un mismo sentimiento. Aumentar la idea o el sentimiento es alejarse de la primera experiencia, considerada la más fuerte. Creer que nada es más fuerte que el impacto de la primera vez es renunciar a encontrar una mayor intensidad en la relación y la variación de las experiencias.

El ideal de intensidad parece, pues, minado por la contradicción interna entre las diferentes formas de conseguirla. ¿Ser intensamente de una manera es serlo menos de otra? Y cuanto más astutos son los hombres, y más protegen sus intensidades vitales contra su identificación y su neutralización, tanto más las entregan a la identificación y a la neutralización. Paradójicamente, proteger intensidades vitales es ponerlas en peligro. Multiplicar es dividirlas. Sumarlas es restarlas; aumentarlas es disminuirlas y variarlas es estandarizarlas.

Aunque todavía misteriosa en este estadio de nuestro estudio, la paradoja es simple: cuando todavía era minoritario, el ideal de intensidad apenas revelaba su carácter contradictorio. Pero una vez adverbializado, generalizado y democratizado, el ideal de intensidad expone cada vez con mayor claridad su defecto de diseño: lo que refuerza el sentimiento vital corre siempre el riesgo de debilitarlo otro tanto. Para mantener ese sentimiento embriagador es, pues, necesario sobreabundar, a riesgo de contradecir el impulso inicial: *hay que* vivir cada vez más intensamente.

*Hasta el colapso*

Una norma no es quizá nada más que un ideal que uno ha heredado y no ha elegido. El ideal elegido por los hombres intensos de la Modernidad se ha transformado, para los hombres del mundo contemporáneo, en un valor impuesto. La figura central del mundo liberal, que emergió con la caída de la mayoría de los regímenes comunistas, la globalización de los intercambios, la miniaturización y democratización de las telecomunicaciones, el desarrollo de una economía de servicios, es un hombre no solo intenso, sino *intensivo*. Por «hombre intensivo» entendemos un sujeto *sometido* a la exigencia de ser intenso, que tiene que aprender a hacer malabares con todas las artimañas imaginables, unas veces variando, otras acelerando y aun otras recurriendo al «primaverismo» para responder al mandato social de amar, trabajar, divertirse cada vez de un modo más intenso. Por supuesto, la expresión de la intensidad como norma es paradójica: en cuanto concepción salvaje de lo que no se deja reducir al ser, la intensidad se anula tan pronto como se la exige como algo debido. Y precisamente por eso todos los individuos sometidos a esa norma deben reintensificarla, recargarla, hacerla de nuevo violenta y salvaje. *Deben* hacer de ella algo *indebido*. Deben elegir su norma. Es una tarea contradictoria.

Normalizada, la intensidad ha invadido la esfera social como principio de medida de la libre realización del individuo. Si se la cuantifica, calcula o se la hace objeto de estudios estadísticos, aparece exactamente como su contrario. Permite llevar a cabo la racionalización del mundo social bajo la forma de un seccionamiento paradójico de todo lo que elude la racionalización, de todas las dinámicas, de todas las energías evaluadas, cuantificadas y comparadas. Del hombre intenso moderno al hombre intensivo contemporáneo, los términos por tanto se invierten: la afirmación de la intensidad contra la extensión, la cantidad y el número se convierte en la afirmación de la intensidad extensible, cuantificable y numerable.

Pongamos un ejemplo. En el terreno del deporte, la aparición de la figura de un hombre intenso, después de un hombre intensivo y, finalmente, el rechazo de la norma en nombre del ideal, pueden leerse claramente en la historia reciente. El deporte moderno ha nacido de la idea de un hombre nuevo, aparentemente reconciliado con el ideal del olimpismo griego, pero destinado en realidad a expresar todas las posibilidades de su cuerpo y a intensificarlas. Las disciplinas deportivas —individuales o colectivas— fueron codificadas en el siglo xix más para ensalzar la maximización moderna de todas las habilidades y funciones del hombre que para conectar de nuevo con los ritos perdidos de la civilización antigua. La célebre formula del sacerdote Henri Didon, retomada por el barón de Coubertin, que la convirtió en el lema del Olimpismo, resume perfectamente el ideal de intensificación contemplado: «Citius, altius, fortius», es decir, «más rápido, más alto, más fuerte». Bajo la capa de arcaísmo (el recurso al latín), el lema refleja claramente el deseo de medir y llevar más allá los límites de nuestras prestaciones en todas las direcciones del espacio y de identificar el organismo como un receptáculo de energía susceptible de proporcionar velocidad, fuerza, explosividad muscular. En la expresión latina, el uso del comparativo de superioridad *(fortius)* manifiesta la victoria del imaginario intensivo sobre el imaginario extensivo. El deporte moderno es, ante todo, un ideal del cuerpo, una idealización de la pura energía física del hombre. El deporte debe permitir a cada uno conocer, variar y aumentar su ser. Interesa menos ganar que participar.

Sin embargo, podemos detectar muy rápidamente el deslizamiento insensible del ideal hacia la norma. Pronto prevalece la comparación sistemática de las prestaciones y, sobre todo, su medición prevalece sobre la glorificación de la energía del cuerpo. A partir de la década de 1930, la creciente atención dada a los récords y el desarrollo de las técnicas de cronometraje permiten medir diferencias cada vez más pequeñas entre los corredores. El cronometraje electrónico hace incluso posible detectar intervalos mínimos que escapan al ojo humano. Al atleta se le pide que haga y repita los mismos movimientos para intensificarlos, sin duda, pero especialmente para medirlos, con el fin de establecer algún tipo de ciencia exacta de las prestaciones. En todas las disciplinas, el entrenamiento se racionaliza: dietética, técnicas de recuperación, utilización masiva de datos estadísticos. El ideal se convierte poco a poco en una norma, y hemos pasado del hombre moderno al hombre del mundo liberal, del atleta al individuo capaz de buenas prestaciones. Ahora bien, el progreso de los rendimientos es interminable a la vez que limitado por la fisiología humana: la progresión de los récords en atletismo se ralentiza, no conoce más renovación en natación que la conseguida por la adopción —muy polémica— de bañadores de poliuretano, y el dopaje, escalada farmacológica y tecnológica, se ha convertido con los años en tema de discusión en el ciclismo.

Interviene un tercer y último punto. Como la norma intensivista choca contra el ideal de intensidad, el hombre desarrolla astucias para devolver a la intensidad deportiva su fuerza original. ¿De qué manera? Jugando sin reglas y restableciendo la sensación de peligro. Así se entiende la aparición de deportes no tradicionales, deportes calificados de «extremos»: el *BASE jumping,* el *bungee jumping,* el vuelo sin motor, el salto de esquí, el paracaidismo, pero también el salto de palanca desde gran altura o la apnea. «Muchos observadores de nuestra contemporaneidad deportiva enfatizan la radicalización y la mayor frecuencia de la exposición al peligro. Los intentos de explicar ese fenómeno se inscriben en diferentes registros: búsqueda de sensaciones fuertes, la llamada de la aventura, la "desrutinización" de la vida cotidiana, la afirmación identitaria, etc.», observan dos sociólogos, Guillaume Routier y Bastien Soulé, en su artículo *Jouer avec la gravité* (Jugar con la gravedad). A medida que las viejas intensidades se reducen a normas, neutralizadas y aburguesadas, por estar regladas y cuantificadas, el hombre intensivo, para sentirse todavía vivo en la actividad deportiva, se ve condenado a inventar una forma más arriesgada de practicar un deporte *más fuerte*.

Todas las perversiones aparentes de la Modernidad, desde el desarrollo de la pornografía hasta el rendimiento físico del *body building* con esteroides, del consumo de cocaína a las autolesiones («*I hurt myself today, to see if I can still feel*» —Hoy me hice daño a mí mismo para ver si aún sentía algo— cantaba Trent Reznor), pueden entonces parecernos no ya la parte maldita del mundo liberal, sino la realización escrupulosa del ideal moderno de intensidad. Es un combate incesante contra la recuperación de las intensidades por las normas de la sociedad. El hombre intensivo, comprometido en una carrera perpetua contra su normalización social, redobla la intensidad. La variación deviene frenética, la aceleración hiperbólica. El sentimiento de disminución, de alejamiento de la intensidad de la vida, toma una forma patológica: la depresión.

El sentimiento general de tener que intensificarlo todo y no ser capaz de hacerlo, a menos de insistir hasta el infinito, de entrar por tanto en conflicto con el sentimiento de sus propios límites intelectuales y fisiológicos, conduce inevitablemente al individuo del mundo liberal a un callejón sin salida. Para mantenerse, la intensidad está condenada a un aumento hiperbólico. Pero cuanto más sentimos que algo es fuerte, más difícil se hace sentir algo fuerte ante la perspectiva de sentir algo todavía más fuerte. La *sobreabundancia* de intensidad tiende, en apariencia, a disminuirla —dígase lo mismo del consumo, de la sexualidad, del rendimiento deportivo tanto como de la adicción—. En su *Ontologie du sujet toxicomane* (Ontología del sujeto toxicómano), Nicolas Floury muestra cómo el «sujeto *adictivo*» repite su intensidad de disfrute antes de que solo pueda disfrutar de la repetición misma, atrapado en su propia lógica.

Para no dejar de aumentar, cualquier intensidad vivida debe, por tanto, *aumentar su aumento*. Es lo que puede describirse como «histerización» del sentimiento de intensidad, cuya lógica describen las primeras páginas de *Algèbre de la tragédie* (Álgebra de la tragedia) de Mehdi Belhaj Kacem. Cuando esta histerización ya no es posible, porque el individuo no logra subir el nivel de la intensificación de todas las intensidades que él percibe o que son exigidas por sus rendimientos, el individuo se hunde. La filosofía y la sociología contemporáneas han estudiado de manera suficiente los síntomas de ese colapso: la patología ahora conocida como *burnout,* agotamiento, desmoronamiento, colapso interior... Jonathan Crary evoca una nueva forma de capitalismo que se orienta contra el sueño y que promueve el ideal de una vida sin pausa, activa todas las horas del día y de la noche, hasta un estado de insomnio general. Se dibuja la imagen de una «sociedad del cansancio», descrita por Byung-Chul Han. Los críticos de las normas del mundo liberal creen que este modo de gobernar a los individuos, que apela a que estos se gobiernen a sí mismos, lleva a los sujetos a una forma de vida cada vez más intensiva, que no encuentra otra solución que el colapso interno: llamados a adaptarse a un mundo inestable, temporal e intenso, «hecho de flujo y de trayectorias de diente de sierra», escribe el psicoanalista Alain Ehrenberg, los individuos no pueden mantener la intensidad cada vez más intensa que se espera de ellos y eso los lleva a un punto de ruptura. Ya no tenemos que lidiar con la coerción estajanovista del trabajo productivo, sino con la nueva coacción de tener que mantener intensidades que deben aumentar para mantenerse. Originalmente, el término *burnout* significaba el estado de un toxicómano «derrotado por el uso demasiado intenso de drogas duras», recuerda Pascal Chabot. El psicoterapeuta Herbert Freudenberger aplicó este término a su propio estado de cansancio, y la palabra terminó expresando el agotamiento emocional y el sentimiento de ineficacia de los trabajadores incapaces de mantener el ritmo de su trabajo. Pascal Chabot aclara que los rendimientos requeridos a los individuos no tienen fin y que, por esa razón, impiden que estos imaginen un horizonte de autorrealización.

La exigencia de intensificación de la vida provoca un desaliento cuyos efectos psicológicos y sociales están bien documentados. Pero este no es el tema de nuestro estudio: lo que queremos entender es cómo y por qué ocurre que *cuanto más intenso se es, menos se puede serlo*. Los síntomas del colapso son conocidos, pero la lógica sigue siendo demasiado vaga. Nosotros nos hemos contentado hasta aquí con notar que las diferentes formas de vivir intensamente, las diversas astucias para mantener las intensidades de la vida, eran contradictorias entre sí. Pero la explicación no es suficiente. No da suficiente cuenta del hecho de que el individuo que solo confía en la variación, o solo en la aceleración, o solo en el «primaverismo» termine colapsando de todas formas. Aquel que solo busca el progreso, y no se reprocha nada, acaba de todos modos sintiendo dentro de sí una resistencia, que es el comienzo de la disminución fatal de su sentimiento. Cualquiera que sea la forma de búsqueda exclusiva de la intensidad, parece existir un misterioso principio que programa su debilitamiento en igual medida que su refuerzo. ¿Cuál es esta lógica secreta? Sin querer proponer argumentos *morales* contra el intensivismo de la sociedad liberal (porque nos situamos aquí en el punto de vista ético y no moral), es necesario que descubramos el concepto destructor que actúa en todo sentimiento de intensidad.

## UN CONCEPTO OPUESTO.
## EL EFECTO DE LA RUTINA

*Hay una lógica de la intensidad*

Aunque el concepto de intensidad expresa resistencia a toda lógica y todo cálculo, hay una lógica de la intensidad. Esta explica cómo y por qué un organismo vivo o una colectividad, que se confían a la búsqueda de lo intenso en cuanto principio exclusivo de sus acciones, se ven involucrados en un proceso que se les escapa y que no tiene otra salida que esa devastadora paradoja para la ética moderna: el triunfo de lo intenso en todo es indicio de su próxima derrota, porque su *afirmación* por el pensamiento produce a la larga su *negación*. Paradójicamente, por tanto, cuanta más intensidad gana nuestro sentimiento, tanta más intensidad pierde. Y nosotros nos vemos condenados a sentir cómo se histeriza antes de que se anule. Es el mismo drama que se desarrolla en el teatro íntimo de cada individuo, que se siente amenazado por el cansancio y el colapso interno, y sobre el gran escenario de la cultura, donde los espíritus modernos asisten impotentes a la disminución tendencial de los valores de la gran promesa eléctrica del siglo XVIII.

Esa lógica paradójica de la intensidad no depende de nuestra *razón,* sino de nuestro *sentimiento* de estar vivos.

Quizá hizo su aparición en la filosofía con ocasión del empirismo inglés: un sistema de degradación, de pérdida de vivacidad de nuestras impresiones, y a causa de nuestras ideas, cuya primera luminosidad languidece a medida que nuestro aparato perceptivo las identifica y reidentifica. Es el destino de todo ser sensible: el principio mismo de la *habituación* despierta en todo lo que vive una lenta erosión de la emoción. Porque la vida, en el momento en que se manifiesta en organismos que sienten y conocen, supone experiencia. Y la experiencia supone repetición. Y la repetición afecta necesariamente al coeficiente de intensidad de todo lo que es percibido.

Este el primer principio de la vida en cuanto es pensada y del pensamiento en cuanto este es vivido. Puesto que un ser vivo es llevado a percibir, a recordar y a identificar, somete las intensidades violentas que lo atraviesan a una especie de desgaste inevitable que ataca y corroe lo más vivo del sentimiento: toda experiencia viva, en la medida en que es pensada, ve decaer su intensidad.

Por esta razón, nunca sometemos nuestra existencia o nuestras normas sociales a la exigencia de ser «lo más intensas que sea posible» sin haberlas entregado a la lógica implacable por la que nuestro sentimiento disminuye a medida que nuestra experiencia aumenta. ¿Por qué? Volvamos a la fuente de cualquier intensidad vivida: la experiencia sensible. Como hemos visto, toda intensidad, para poder ser sostenida, debe ser *experimentada*. Vivir es mantener intensidades en este sentido preciso: las intensidades (las ondas, por ejemplo) existen por sí mismas en el universo inorgánico, pero solo se transmiten a los vivos a condición de ser experimentadas y observadas. Percibir un color o un sonido es transformar la intensidad variable (de una onda) en una cualidad sentida. Esa cualidad percibida, que existe solo por y a través del organismo que la percibe, es lo que aquí llamamos *intensidad sostenida*. En lugar de permanecer en el mundo objetivo como una cualidad simple, la intensidad física, por ejemplo la variación de una longitud de onda, deviene en el mundo subjetivo de las percepciones una cualidad percibida y duplicada: la cualidad de un color o de un sonido. La intensidad objetiva de la onda ha sido destacada y sentida gracias a su intensificación en la percepción. Lo que es percibido ya no es reducible al impulso eléctrico cuantificable que ha recorrido los nervios del organismo vivo, aunque la percepción provenga en un primer momento de este impulso. En el sujeto hay una sensación de rojez del rojo, de silencio del silencio, de dureza de la dureza. Una intensidad sostenida es, en cierto modo, *la intensidad de una intensidad:* y esto es lo que siente un sujeto vivo. Hay intensidades cuantificables que son objetos en primer grado de nuestra percepción, y está la intensidad de esas intensidades, una intensidad segunda que se debe a las cualidades asociadas a sus objetos por la percepción: el azul del cielo azul que percibo que no es solo la longitud de onda de la luz percibida, sino esa intensidad duplicada y sostenida a lo largo del tiempo por su percepción. Ahora bien, todo el drama del hombre intenso se debe a esta constatación banal: lo que sostiene una intensidad —el pensamiento mezclado con la sensación— es también lo que acaba anulándola.

*En todo lo que varía hay algo que permanece*

Escucho una obra musical y, de repente, me sorprende un cambio inesperado de acordes, de tono o de ritmo. Esta variación puede haberme despertado del entumecimiento de mis oídos, que se habían acostumbrado a los movimientos previsibles de la música. Entiendo que la pieza la ha compuesto e interpretado alguien a quien le molestan las hechuras rígidas, que encuentra interés y emoción en la alteración, la ruptura o el desequilibrio: apenas he tenido tiempo de captar el primer cambio, cuando las cosas cambian de nuevo. Lo mismo puede decirse de la música con ritmos compuestos de manera asimétrica, como en algunas melodías de los Balcanes, pero también de la música improvisada, del *free jazz,* de las composiciones de Frank Zappa o del *metal* experimental, que son reacios a la reiteración, imagen sonora de la cárcel, y que buscan la intensidad a través de la variación; se trata, como en toda ética de la variación, de engañar la anticipación de la percepción, de jugar con las normas que esta segrega y de celebrar el carácter creador de la vida, trabajando contra el retorno de lo mismo, de no aparecer nunca donde se le espera, de rechazar interpretar esa nota o ese acorde que sería lógico deducir de lo que antecede, de tomar sistemáticamente el conjunto a contrapié, de emprender un camino alternativo, de distorsionar la línea melódica o el compás del ritmo. ¿Por qué? Para dar a entender que lo intenso en la vida es lo que no permanece idéntico, lo que rehúye la reidentificación sistemática y ocurre libremente. Cada vez que cambia de manera inesperada, para eludir la previsibilidad, la música improvisada cumple, por tanto, un acto ético. Realiza en el orden de la armonía y del ritmo lo mismo que pasa con las decisiones de nuestro hombre intenso, que busca variar siempre, reinventarse y no cumplir nunca un destino escrito de antemano.

Lo he entendido. Todavía escucho ese fragmento de música, pero ahora espero que me sorprenda; efectivamente, su ritmo y su cadencia varían de nuevo, como para expresar la nervosidad de un hombre hostil a toda regla y que solo se realiza cuando consigue romper con el programa que estaba empezando a desarrollar demasiado mecánicamente. Con esto la melodía toma un giro diferente de nuevo. Pero yo estoy cada vez menos sorprendido: adivino que lo que no cambiará nunca es precisamente ese cambio, y que lo que volverá con una regularidad tranquilizadora serán las irregularidades. Como ante una persona veleidosa, que primero nos sorprende y cautiva, y de la que luego me entero de que nunca para de saltar de una opinión a otra, detecto algo así como una familiaridad rutinaria en la extrañeza imprevisible de la música. Sin embargo, queda una última opción ante el caso de la música desconcertante y el hombre *veleta:* ahora que estoy preparado para escucharlos, a verlos como regularmente irregulares, me sorprendería por completo descubrirlos predecibles. Pero entonces, después de estar metamorfoseada, yendo de ruptura en ruptura, la música deja de transformarse y adopta una medida o un ritmo inmutables: mis expectativas se han frustrado. El hombre que nunca era el mismo en cada uno de nuestros encuentros, y al que terminé considerando como una persona eternamente versátil, ha asentado de manera definitiva su comportamiento: una vez más, me ha engañado. Pero no me va a engañar más. Porque la música y el hombre, que aman profundamente la intensidad en una variación perpetua, deben enfrentarse a un dilema: o continuar cambiando, instituyendo una especie de permanencia de lo impermanente, o dejar de cambiar para romper con los hábitos asumidos, pero pagando el precio por ello: ahora tendrán que permanecer fijos.

Evidentemente, hay infinitas formas de cambiar; una música puede explorar esa variedad de medios y puede conseguir que un oyente sienta toda la sutileza de las secuencias y de los temas, de los distintos órdenes posibles de recurrencias y hasta de los desórdenes inesperados. Es lo que debería llamarse *la inteligencia del cambio,* cuyo modelo formal lo proporcionan las matemáticas que permiten la configuración de todas las formas de secuencias, y también de familias, por tanto, de elementos indexados por la secuencia de totalidades naturales. Podemos *concebir* la variedad, la riqueza de los modos de variar el ser mismo de las cosas.

Aunque el pensamiento abstracto puede acceder a tales lógicas complejas y refinadas del cambio, sigue habiendo una lógica mucho más burda, la del sentimiento, de la que no nos liberamos fácilmente. Esta lógica obstinada no se remite a las reglas del cambio; solo ve «si algo cambia o no». De cualquier fenómeno extrae ese sentimiento simple que permite explicar nuestros síntomas de cansancio. Tan pronto como nos enfrentamos a una variación, algo en nosotros detecta el cambio, deja pasar el momento fulgurante de la primera impresión y luego trata ese cambio como una invariante: esta facultad se contenta con identificar que «eso no para de convertirse en otra cosa». Y estabiliza para el sentimiento esa idea de la variación.

Esta facultad no tiene en cuenta las sutilezas del contenido de un cambio; solo toma en consideración la forma de cambio. Corresponde a lo que, en todo ser que percibe, presta atención al cambio —o no— del cambio, a la variación —o no— de la variación, a la diferencia —o no— de la diferencia, por lo que duplica los principios del devenir y los gira contra sí mismos, para definir su sentimiento. Y esa lógica rudimentaria que actúa en la percepción es lo que llamaremos la *lógica de la rutina*.

La rutina se debe a esta mecánica de una simplicidad que desarma, instalada en el núcleo de la percepción de todas las intensidades. Esa maquinaria funciona sin cesar contra nuestras intensidades. Si terminamos aburriéndonos de una melodía, que sin embargo varía incesantemente, si algo en nosotros se cansa de una música de manera inevitable, cuya inteligencia consiste, no obstante, en no parar de inventar y reinventar medios para sorprendernos de diversas maneras, es porque una parte en nosotros acaba siempre acostumbrándose a todo aquello que recurre a las más sutiles formas de sorprendernos día a día. Nunca nos aburre del todo algo o alguien que intenta renovarse constantemente. Pero, al cabo de un tiempo, al menos una parte de nuestra percepción ya no se sorprende por algo que antes nos sorprendía; ahora contempla cada novedad, cada *modernidad* como una especie de tradición. Esa parte nuestra es la que obedece a la lógica de la rutina. Y a pesar de todos nuestros esfuerzos éticos, no podemos ni combatirla ni eliminarla por completo, porque ella es también la que nos permite identificar nuestras intensidades.

La rutina no es otra cosa que el precio a pagar por la posibilidad misma de sentir y pensar nuestras intensidades. Es la contraparte necesaria del *sentimiento*. Suprimid la amenaza de la rutina y eliminaréis al mismo tiempo la oportunidad de experimentar cualquier cosa intensa y de hacerla durar a través del tiempo.

*En todo lo que aumenta hay algo que disminuye*

Ahora estamos atrapados. A la rutina de la variación no podemos responder variando una vez más, ni siquiera variando de una manera diferente, porque la rutina no sabe de tipos o *maneras*. Solo se refiere a la forma del fenómeno: no importa, a la larga, de qué manera algo cambia (lo cual es el objeto de la *inteligencia* de la costumbre), sino solo si algo cambia o no (lo cual es el objeto del *sentimiento* de la costumbre). Para eludir la rutina de la variación es necesario confiar en la astucia de nuestro hombre intensivo que, si no consigue modular musicalmente las intensidades, decide aumentarlas o incluso acelerarlas. Cuando constata que eso no ayuda, a la larga, a variar los placeres, las formas, los ritmos, las experiencias para mantener la intensidad que sea, solo le queda acentuar esa percepción, hacer que sea cada vez más fuerte ese placer, ese dolor, ese color, el mismo motivo, el mismo ciclo rítmico. Para anticiparse a la rutina hay que acelerar o hacer más honda la sensación.

Al principio, esa defensa parece producir sus frutos. Al no apuntar ya a la variación, el deseo de intensidad cambia de aspecto: ya no temo en absoluto la repetición; al contrario, la deseo. No busco necesariamente el retorno de lo mismo, sino que trato de fomentar una percepción, una idea, dejarla crecer y desarrollarse para que sea más viva, más rápida, más exacta. Y yo me entrego a esta operación libremente, sin imponer *a priori* un objetivo a ese aumento. En apariencia, lo que aumenta no teme a la rutina, porque esta parece ser parte integrante de todo fortalecimiento de un sentimiento o de un gesto, de una inquietud, de una disciplina mental o física que exige la repetición de los mismos ejercicios, así como el progreso histórico de una idea. Si, por ejemplo, pienso en la lucha por el ideal de libertad, emancipación o igualdad entre los hombres, es normal que me imagine también la repetición incansable de las mismas reivindicaciones de generación en generación y la ardua intensificación del grado de libertad, de autonomía de los individuos en el transcurso de las luchas, de los sacrificios, de las victorias y de las derrotas políticas. La más repetitiva música minimalista puede evocar así no ya la intensidad como variación, sino el intenso aumento del sentimiento de acuerdo con el progreso obstinado de una pequeña frase, como si un único motivo se hiciera oír cada vez más y cada vez mejor. Esta es la idea de todo progreso: la posibilidad de que una misma cosa afirme un poco más lo que es, lo desarrolle y lo complete con la actitud terca de quien acentúa insistentemente su verdad.

Solo el aumento de una intensidad puede superar la rutina de lo intenso entendida como pura variación. Pero esta ilusión del sentimiento ensalzado por el progreso solo dura un tiempo: la rutina vuelve, con un aspecto ligeramente diferente, invade y disuelve la posibilidad misma de un crecimiento infinito. Los críticos del progreso histórico, como Herder, por ejemplo, han insistido en este precio a pagar: cuanto más progresa una idea en la historia, más retrocede otra. La imagen del barco que debe echar lastre por la popa para poder avanzar simboliza, en la mente de Herder, el «principio de compensación». Es evidente que la humanidad no puede ser objeto de una historia universal *sin contrapartida:* por todo aquello que esta parece ganar de cara al futuro, ha de dar por perdida alguna idea del pasado. En opinión de Herder, la extrema intelectualidad de los modernos no significa solo un progreso de la razón, sino también una pérdida de vitalidad espontánea. Egipto y Oriente le recuerdan la infancia de la humanidad; la Grecia antigua su adolescencia. Grecia gana así cierta estetización de la existencia, el culto de la apariencia bella, pero pierde el misterio y el enigma inocente de las épocas anteriores. Y lo que gana la edad adulta en conciencia lo pierde siempre en espontaneidad. Quien domina cada vez más un sentimiento o un gesto deja tras de sí algo del sentimiento o del gesto originales.

Por supuesto que puede argumentarse que el *verdadero* progreso consiste en la intensificación de lo que es bueno o deseable, y en la desintensificación de lo que es malo o indeseable. Pero esa idea supone reemplazar otra vez el principio ético de la intensificación por un valor, por un contenido moral. Un argumento moral de este tipo no es satisfactorio para la construcción y el mantenimiento de nuestra ética adverbial moderna, que descansa solo en el valor formal de lo que se intensifica, con independencia de todo contenido. Y desde el punto de vista de las intensidades, nada progresa sin hacer retroceder en igual medida otra cosa. El progreso absoluto de una intensidad no es posible. Esta es la lógica que podemos calificar como «rutina del progreso». Aunque sea concebible describirle al espíritu humano un progreso indefinido del bien para inducirlo a trabajar incansablemente en este sentido, algo en nosotros se resiste a esa idea: nunca falta un sentimiento impreciso que hace nacer en nosotros una especie de cansancio y abatimiento ante el progreso programado, ante el progreso acelerado, que va acompañado de la imagen de una pérdida o de un alejamiento inevitable; primero, obviamente, porque el aumento previsible de una intensidad suscita un debilitamiento de la excitación y, luego, porque todo aumento, mientras nos acerca a un estado cada vez más intenso de una experiencia, nos aleja en igual medida de la primera aparición de esa experiencia.

Con el tiempo, ¿qué es lo que siempre ralentiza un sentimiento de aceleración? Cuando entendemos que algo (placer o idea) está destinado a acelerar indefinidamente, nos figuramos de antemano un estado ulterior de lo que aumenta, de modo que su estado presente, por comparación con el futuro perfecto, nos parece disminuido. Cuanto más se promete a una sociedad el crecimiento económico, por ejemplo, o el progreso tecnológico, más oportunidad tienen sus miembros de previsualizar esta progresión, de imaginar por anticipado lo que sería una sociedad más rica o más eficiente tecnológicamente; en cambio, el estado actual de la sociedad y de las técnicas les parece decepcionante. En un primer momento, la idea de un progreso nos entusiasma y nos exige mejorar, perfeccionar, enriquecer lo que ya es posesión nuestra, pero dado que tenemos que superar ese progreso para mantenerlo, y que la aceleración parece no tener fin, observamos que nuestra sociedad y nuestras herramientas de mañana se convertirán, en comparación con las de pasado mañana, en tan pasadas de moda e imperfectas como lo han sido las de ayer comparadas con las de hoy. Nuestra inteligencia nos incita a progresar cada vez más; sin embargo, algo en nuestro sentimiento pierde en entusiasmo sincero. ¿Qué? De nuevo, aquello que, en nuestra percepción del progreso, está sometido a la lógica estúpida e imparable de la rutina.

Esta rutina del aumento y del progreso no depende únicamente del carácter previsible de toda progresión: se funda también, y sobre todo, en la identificación de aquello que, en la medida en que progresa, disminuye. Concedámosle todo al hombre intenso, que quiere reforzar indefinidamente todo lo que percibe, todo lo que quiere, todo lo que piensa, y que hasta imagina un progreso absoluto. Pero al menos, eso disminuirá: el sentimiento de la primera vez, la inocencia que se debilita mientras la experiencia se refuerza.

*Cada vez son menos las primeras veces*

El recurso al «primaverismo» es quizá la última defensa que podemos imaginar.

La rutina destruye el sentimiento de la variación o del progreso, pero no la intensidad superior de la primera vez, que se conserva en la memoria. Aún más: el efecto de la rutina sobre la frescura de las experiencias se puede revertir y frustrar con la sola idea de la singularidad de cada momento. Incluso a punto de morir, todavía me dispongo a tener una experiencia singular e inédita: voy a morir *por primera vez*. Hombre intensivo, apegado a la *prima volta,* puedo rechazar la fatalidad de la rutina aprovechando lo nuevo que cada momento me ofrece. Nada prohíbe elevar cada experiencia repetida a la potencia de lo inesperado. Y eso es lo que hace quien ama por segunda vez: tiene la experiencia de amar una segunda vez *por primera vez*. Incluso la costumbre, cuando se la descubre, es una experiencia existencial nueva. Podríamos definir la edad adulta como *la edad de la vida en la que aprendemos por primera vez a no experimentar más el mundo por primera vez* y, no obstante, encontrar en ella una cierta intensidad. La fuerza de la primera vez parece superior al efecto de la rutina, ya que un ser vivo siempre puede sentir como una novedad perceptiva el hecho incluso de no percibir ya ninguna novedad. No solo el aburrimiento, lo cotidiano, lo habitual, que ya hemos mencionado, sino también la rutina misma pueden ser objeto de intensas experiencias, a condición de ser reconocidas en su novedad singular. Pronto, sin embargo, el efecto de la rutina corroe de nuevo el carácter intenso de la experiencia vivida porque empiezo a experimentar mi cotidianidad de una manera cotidiana. El fantasma del aburguesamiento ético amenaza al hombre que disfruta de la singularidad de cada instante de su vida. Ahora descubre que es la segunda o tercera vez que él siente el placer familiar de hacer ese o aquel otro gesto por segunda o tercera vez. Se acostumbra, se aletarga y, aunque no lo reconozca, su sentimiento de existir se debilita.

Queda un último contraataque posible del sentimiento de inocencia. Para contrarrestar la rutina puedo comprometerme a vivir todo «como si todo fuera por primera vez». Tengo que hacer ese esfuerzo. Me asigno el objetivo de actuar de modo que experimente en las más anodinas actividades —cuando me duermo, cuando me despierto, cuando salgo, cada vez que como, cuando siento que la lluvia me cae encima o en el momento exacto en que para de llover— la intensidad de una primera experiencia. Entonces debo hacer el esfuerzo de encontrar una manera inteligente de dar, a cada frase pronunciada, a cada paso que doy, a cada encuentro, el lustre de lo inesperado. Juego a ser el niño grande, el eterno adolescente: alguien siempre sorprendido, encantado, nunca apático, que conserva la intensidad de la vida actuando día a día con la espontaneidad de un joven primer actor.

Pero una vez más, el efecto de la rutina actúa y embota ese proyecto de espontaneidad; porque muy pronto *por segunda vez* me esforzaré en hacer eso o aquello «como por primera vez». Y me veré de nuevo ante el dilema de la variación existencial: o bien continuar haciendo todo por primera vez (si bien «hacerlo todo por primera vez» se convierte en una regla invariable de mi existencia, que suscita, incluso inconscientemente, cansancio en mí o en los demás: se me conoce, soy el ingenuo de turno), o bien dejar de querer vivirlo todo por vez primera como en una primera vez, descubrir los encantos hogareños de la costumbre, intentar quizá profundizar en mi primer sentimiento, o aumentarlo (pero volviendo a caer, a la larga, en el efecto de la rutina del progreso). El efecto de la rutina sobre la intensidad máxima de la inocencia y del «primaverismo» depende de ese embotamiento: aparentemente, nunca deja de haber primeras veces en la vida, aunque solo fuera por la peculiaridad propia de cada experiencia; sin embargo, oímos ya en nuestra cabeza el *tictac* del temible mecanismo de relojería que va anunciando la disminución del sentimiento, porque las primeras experiencias de la vida se alejan de nuestra sensibilidad como las potencias de un número entero.

Volvamos a nuestra metáfora musical. Escucho aquel mismo fragmento por segunda vez. La primera vez, la experiencia fue única. Esta vez, la experiencia repetida se alimenta de la primera, la perfecciona sin duda, la aumenta quizá, pero también la aleja de la primera impresión. Hay, en efecto, una intensidad en esta segunda audición que se debe a que esta es la primera vez que *re-escucho* ese fragmento. Presto, por tanto, una atención especial a detalles que no había observado porque anticipo su llegada, y mi experiencia se enriquece tanto como pierde fuerza inmediata. Escucho ahora el fragmento por tercera vez. Puedo remitirme a mi primera escucha repetida por una escucha añadida, que la mejora y corrige. El sentimiento es menos vivo, pero más preciso. De la costumbre surge una nueva intensidad: la de sentirme por primera vez familiarizado con el fragmento musical y dueño de mis impresiones. Pero cuanto más gano en experiencia, menos puede el objeto de mi experiencia distinguirse de mi misma experiencia. De manera que, escuchando una y otra vez ese fragmento, mi estado de oyente pronto no tiene más singularidad que su relación crítica con la suma de mis escuchas hasta ese momento. Es como si mi primera experiencia de la música se encontrara elevada al cuadrado por haberla escuchado de nuevo. Experimento, por vez primera, que me refiero a mi primera vez que la oí; luego percibo por vez primera que me refiero a mi primera vez que la re-oí, y así sucesivamente.

Este sentimiento no es desaparición absoluta, sino más bien de embotamiento: no cesamos nunca, mientras vivimos, de estar atravesados por vez primera por nuestras sensaciones, impresiones, ideas, aunque esas primeras aprehensiones de la vida también se debiliten porque van tomando cada vez más, como objeto, aprehensiones ya vividas. Creciendo y envejeciendo, un organismo vivo dotado de memoria aprende cada vez mejor a conocer por primera vez lo que se siente al conocer esto o aquello una vez más, de manera que esa «primera vez» ya no es inmediata, sino que se transforma en el exponente, en la potencia de $n$ experiencias del pasado. Ahora bien, una vida absolutamente intensa cae en esta paradoja: que cuando se rige por la intensidad superior de la primera vez, no reconoce otra potencia mayor que la de elevar una experiencia a la primera potencia: la potencia de la pura singularidad.

Cuanto más progresa la vida, más se llena la memoria de una cultura o de una civilización. Y más las *prima volta* se convierten en metaexperiencias. Se podría alegar que la Posmodernidad, teorizada a finales del siglo XX, supuso para la cultura moderna la experiencia de ser por primera vez consciente de su propia modernidad. La Posmodernidad pudo haber sido una astucia del espíritu con la idea de contrarrestar la rutina de la Modernidad. Puesto que nada moderno podía ser probado en primer grado, el espíritu al que se calificaba como «posmoderno» probaba por vez primera la imposibilidad de sentir lo que fuera (una melodía, el tema de una novela, una escena de una película o una idea política) por primera vez, y todo tenía que suceder por segunda vez. Siempre hay algo intensamente inocente cuando se descubre de primeras el final de la inocencia. Luego sale a la luz una inocencia algo menos intensa, algo menos viva: el descubrimiento de que ya no está en absoluto en nuestras manos descubrir atónitos el final de la inocencia, una revelación que ya nos es familiar. Así se amortigua, sin ser nunca anulada del todo, la intensidad de la primera vez, sometida al implacable efecto de la rutina. Y así está demostrado que no nos queda ninguna defensa posible contra ese destino mecánico de nuestro sentimiento.

Siempre podemos participar, como ha hecho el espíritu moderno, en una lucha interminable por sostener las intensidades, contra la obra destructora de todas las habituaciones. Pero ahora hemos comprendido la lógica implacable que lleva al colapso de los individuos sometidos a la norma de la intensidad: a la larga, en lo que incumbe al sentimiento, lo *más* produce siempre lo *menos*.

Esa rutina es el engranaje sentimental que explica nuestros cansancios, nuestro desaliento y nuestros derrumbes éticos. No deben nada a la razón en sí, sino a una racionalidad paradójica de la percepción, porque lo que permite percibir las intensidades de la vida es lo mismo que actúa en contra de ellas. Podemos concebir una infinidad de formas de renovar su percepción. Por desgracia, al final la rutina se impone en la medida en que se corresponde con aquello que, en nuestra percepción, reconoce una cosa como regular. La rutina hace posible considerar la ausencia de regla como una regla parecida a todas las demás: poco importan nuestros esfuerzos por variar, aumentar las intensidades o mantener la fuerza de lo inesperado. Confiar solo en la intensidad para tener una razón de vivir es entregar la vida y el pensamiento al cansancio existencial. Este es el monstruo invencible, medio oculto en las profundidades de nuestra sensibilidad, que la Modernidad, a pesar suyo, ha despertado.

Principio básico de la sensación que se recuerda: el efecto de la rutina es superior a cualquier intensificación concebible; no teniendo nada que ver con la inteligencia, el monstruo se nutre de todo lo que aparece y reaparece, de modo que quien pretenda combatir la rutina con la intensificación frenética de su existencia no comprende que a la larga no hace sino reforzarla, favoreciendo el nacimiento de una rutina superior de las intensidades. Es el error del hombre inteligente, que cree vencer la rutina con la creación y la novedad, mientras no hace sino cultivar el cansancio que él cree erradicar, condenándose a cansarse también de la creación y de la novedad.

Eso es exactamente lo que el hombre intenso y luego intensivo ha provocado —contra su voluntad— en la cultura moderna: una rutina de las intensidades en la mayoría de las áreas de la existencia. Las consecuencias son absolutamente desastrosas para nuestra situación ética, porque, entregándonos al principio exclusivo de la intensidad para guiar nuestra vida, no le dejamos a nuestro deseo de una intensidad de un nuevo tipo otra opción que el interés por la *falta de intensidad*. Quien se entrega sin reservas a fuerzas fulgurantes de la vida acaba empujado por la rutina por no poder esperar nada más fuerte que la desaparición de esas fuerzas. La intensidad, que se tomaba por un absoluto y, por tanto, sin contrario, segrega en definitiva su contrario. Así es como resurgen, de manera regular, en las culturas humanas, las ideas de una liberación final de toda intensidad, en forma de sabiduría o de salvación. ¿Por qué? La vida es tan versátil que, en nosotros, en el transcurso de una existencia suficientemente larga, acaba fatigándose de sus propias exigencias y sintiendo atracción por la negación de la vida. Toda vida tan poco consciente que solo se remite a lo vivo y a su intensidad fundamental, tarde o temprano desea lo contrario de su afirmación: no la muerte, pero sí una existencia que no sea ya prisionera de sus intensidades variables o del horizonte de un progreso sin fin.

Por tanto, más allá de lo que hemos llamado la «Modernidad eléctrica», ya casi exhausta, que no consigue decirnos cómo y para qué hay que continuar viviendo, vemos reaparecer promesas filosóficas y religiosas que la idea de intensidad había eclipsado durante un tiempo. Aprovechándose de la rutina de todos los entusiasmos prometidos por la Edad Moderna, la sabiduría y la salvación religiosa tientan de nuevo a nuestra conciencia agotada.

# UNA IDEA OPUESTA. EN LA TENAZA ÉTICA

*La vida nos hace intensos; el pensamiento iguales*

La idea de un estado no intenso de la vida tonifica toda conciencia derrotada por el agotamiento de sus percepciones, sus experiencias y sus ideales. Cuando un individuo o una comunidad sienten que prevalece el debilitamiento fatal de la intensidad de todo aquello en lo que creen, saben o experimentan, cuando comprueban que lo que consideran hermoso, verdadero o bueno no deja de ser verdadero, bello o bueno, sino que deviene simplemente menos excitante, al espíritu no le queda más que un solo refugio. Este último refugio es el de imaginarse, mediante el pensamiento, un estado de vida igual, sin altibajos, sin carencias y sin excesos.

Supongamos, provisionalmente, que llamamos *pensamiento* a esa parte de algunos organismos vivos que no se rige por intensidades, sino que tiene como principio fundamental la característica de la *igualdad* de todas las cosas. Pensamiento es aquello que, en el seno de un ser sensible, no siente. Es lo que, en un ser que sufre, no sufre. Es lo que, en el interior de un ser invadido por intensidades variables se rige por la búsqueda de lo que nunca varía, de lo que permanece idéntico. No hay razón para creer que el pensamiento, así entendido, sea lo que hay de mejor, más alto o más noble en un ser vivo. Definir el pensamiento por la búsqueda de lo igual en lugar de lo intenso no debe significar, por cierto, un juicio de valor. Tampoco se trata de hacer de él la propiedad exclusiva de la especie humana, sino todo lo contrario: hay un cierto tipo de pensamiento en todo lo que percibe. Este tipo de pensamiento activa la parte de toda percepción animal que identifica, clasifica, reconoce, descompone entidades, que cuantifica y calcula, que actúa sobre las intensidades y que, al mismo tiempo, se rige por ellas. Pensar algo significa, ante todo, mostrarse incapaz de reconocer si algo es más o menos de lo que es: todo lo que es pensamiento deviene igual en el sentido exacto de que nada sale del pensamiento disminuido, reducido o aniquilado. Lo que yo concibo como posible no existe menos, en mi pensamiento, que lo que conozco como real: solo fuera del pensamiento se manifiesta el carácter más real o menos real de una entidad cualquiera, porque en el reino del pensamiento, todo está a igual nivel.

Pongamos un ejemplo: concibo, con mi pensamiento, un árbol cuyos frutos son de oro. Este objeto, que me imagino, no es real, y en el estado actual de la botánica no puedo percibirlo con mis ojos, a no ser que recubra con una fina película de oro los frutos de un manzano del huerto. ¿Puedo, con solo el pensamiento, demostrar la inexistencia real del árbol de la fruta de oro? Por lo menos desde la afirmación de Kant de que la existencia no es un predicado real, estamos de acuerdo en reconocer que el pensamiento no tiene los medios de discriminar, con solo sus propios recursos, lo que es real de lo que no lo es; necesita la ayuda de la experiencia, de la percepción sensible, de nuestros ojos, de nuestros oídos o de nuestros nervios. En cuanto pensadas, una entidad realmente existente y una entidad existente en la imaginación existen por igual tanto una como otra; pensar iguala el estado ontológico de sus objetos.

¿Hay algún tipo de objeto cuyo mero pensamiento permitiría considerar que existe menos que los otros? Este es el caso, en muchas filosofías, de los objetos contradictorios. Al ser inexistentes, porque corresponden a la unidad imposible de dos conceptos contradictorios, el círculo que es cuadrado o el árbol que no es un árbol parecen existir *un poco menos,* en cuanto objetos puros de pensamiento, que un circulo o un árbol. Sin embargo, un objeto contradictorio, aun estando determinado a ser algo mínimo, pero algo determinado en última instancia, nunca es cualquier otro objeto contradictorio. Aunque podamos deducir cualquier cosa de una contradicción, según el viejo principio lógico *ex contradictione sequitur quodlibet* (De una contradicción se sigue cualquier cosa), una contradicción nunca es cualquier otra contradicción, y un círculo cuadrado es muy distinto de un círculo triangular: se distinguen débilmente uno de otro, pero se distinguen de todos modos. Por tanto, un objeto contradictorio no es, para el pensamiento, algo que sea más o sea menos que el árbol que están viendo mis ojos. Ser «algo» para el pensamiento significa, exactamente, no ser *ni más ni menos:* «algo» es lo que no es susceptible de intensidades ontológicas variables —todo lo que es algo lo es *de igual manera.*

Los objetos del pensamiento poseen una dignidad ontológica igual: nada, en cuanto pensado, existe de una manera más fuerte o más débil, de modo que pensar puede identificarse con la operación por la que un organismo vivo considera como claramente distintas todas las cosas, buenas o malas, hermosas o feas, existentes o inexistentes. Quizá, por esta razón, los valores rectores del pensamiento puro, en muchas culturas, son la absolutidad, la eternidad, la perfección y la simplicidad. Independientemente de toda percepción, el pensamiento tiende a aislar, a uniformar sus objetos, a sustraerlos al paso del tiempo, y nos entrega un mundo en el que los valores de la vida sensible —como la variación, la evolución y, más en general, la intensidad— se invierten.

Lo que, por tanto, ignora el pensamiento abandonado a sí mismo es la intensidad. Al pensarlas, todas las cosas se *identifican*.

Comprendemos ahora por qué la parte de pensamiento que se introduce en toda percepción con el fin de mantener una intensidad real al mismo tiempo la neutraliza. Lo que hemos llamado «efecto de la rutina» nace en realidad de una mezcla indistinta de pensamiento y de vida, de igualación y de intensificación, que afecta a cualquier percepción animal.

Reconocemos que la imagen fascinante de la electricidad ha arrastrado a la conciencia moderna a querer reflexionar sobre el modelo de vida y a atribuir al pensamiento el principio mismo de la vida sensible: su carácter intenso. El hombre intenso, que poco a poco ha devenido intensivo, ha esperado imponer su vida a su pensamiento e introducir en el concepto el *shock*, el fulgor, las variaciones y las modulaciones de la sensación electrizada. Hasta las categorías de nuestro saber, más calcadas de las ideas de evolución y de lo procesual que de las de fijeza y sustancialidad, se han sometido a los valores vitales, como si fuera necesario pensar tal como se vive: intensamente.

Ahora bien, al introducir los valores de la vida en el pensamiento olvidamos lo que el pensamiento le hace a su vez a la vida: olvidamos que la anula. ¿Y por qué la anula? Porque el pensamiento no sabe actuar si no es tratando sus objetos como identidades. Lo hemos comprobado a lo largo de nuestro estudio: la identificación actúa contra la intensificación.

Toda absolutización de los valores de lo que está vivo, por seres que también piensan, desemboca de una manera desesperadamente contraproducente en la desintensificación de aquello que precisamente se esperaba intensificar hasta un punto de incandescencia ideal. Pero el agotamiento individual y colectivo, la inmensa fatiga de la cultura moderna que se deriva de ello, condena la vida en nosotros a desear poco a poco aquello que el pensamiento se representa como *menos intenso*. Entregado a sí mismo, el pensamiento humano suscita representaciones tradicionales de esa anulación de la intensidad. Diseña un mundo acorde con sus valores clásicos, que son la identidad, la simplicidad, la absolutidad y la eternidad. Nace del sueño del pensamiento la imagen fantasmática de estados del sí mismo libres de toda intensidad, y la imagen de un residuo del cuerpo al fin liberado, purificado, de sus variaciones orgánicas —residuo que, por lo general, llamamos alma o espíritu—. Esta operación de purificación de los afectos, calificados como pasiones, desemboca en dos operaciones fundamentales del pensamiento humano: la búsqueda de la sabiduría y la búsqueda de la salvación.

Cuando todas las intensidades de la vida se agotan, la vida que hay en nosotros desea aquello que el pensamiento se representa y nos representa como menos intenso. ¿Y qué figura tiene eso? La de una imagen fantaseada de nuestro ser que ha de seguir siendo de una forma absoluta, simple y eterna lo que de mejor hay en él. Una imagen del cuerpo que cesa, al fin, de estar sometido al *más* o al *menos* en todas sus percepciones, en todos los flujos que lo atraviesan y que constituyen su existencia orgánica. El pensamiento hace posible representarse esa liberación ya sea en la forma de una transfiguración o en la de una anulación: o como salvación o como sabiduría.


*Como sabiduría*


El hombre formado en la fascinación moderna por la electricidad no ha querido ser sabio. Al libertino, al romántico, al adolescente electrizado, la sabiduría tradicional le ha parecido una renuncia. El hombre intenso y luego intensivo se ha burlado de ese control, de esa domesticación del cuerpo por el espíritu. Significaba, a los ojos de esos hombres nuevos, una huida cobarde por el achatamiento de los relieves emocionantes de la vida. Ser sabio es, efectivamente, ser igual, evitar los picos elevados y los valles profundos de los estados de ánimo y de las sensaciones. Es trabajar por la desintensificación sistemática de sí mismo.

Los ejemplos abundan. En el budismo, el ciclo de las vidas representa procesos incansablemente variables, el torrente de la intensidad del mundo, el gran río, el flujo permanente, la transmigración universal que simboliza el paso de las almas de un cuerpo a otro. Sometidas todas al imperio del sufrimiento, se encuentran atrapadas en la naturaleza misma de la sensibilidad, que entraña la impermanencia. ¿Qué es *samsāra*, sino una gran imagen impactante del flujo de todos los seres? Hemos demostrado ya cómo la corriente eléctrica ha reemplazado en el imaginario moderno la corriente del río como símbolo del devenir y del cambio perpetuo. Al forjarse el *samsāra,* el pensamiento se representa todas las intensidades como si todas ellas no fueran más que una: la intensidad universal. Pero el fin buscado por Siddhārta Gautama, después de verse vencido por la visión del *samsāra,* es la liberación posible del alma que se encuentra a merced de ese ciclo universal de oscilación, que la condena al sufrimiento: la práctica, la meditación y la plegaria deben conducir a la neutralización de esa intensidad, de modo que la sabiduría de Buda descansa en la promesa de *anular* poco a poco, por la disciplina de sí mismo, las intensidades de las que todo ser es cautivo.

Pero esta anulación no es exclusiva del budismo. Puesto que las pasiones se difunden del cuerpo al pensamiento, la tarea del sabio consiste, en general, en imponer mediante la mente una igualdad de ánimo que se transmite poco a poco a los nervios, a los músculos, al corazón y al estómago. El trabajo riguroso de los estoicos para alcanzar la ataraxia, ese estado del alma en el que ya no la perturban las pasiones, depende también de este esfuerzo por disminuir en nosotros los impulsos excesivos que la vida comunica a nuestro espíritu. Las intensidades vitales esclavizan la parte igual de nuestra alma a su parte variable y efímera. El objetivo es, por tanto, conseguir que aquella sea independiente de esta.

La mayoría de las sociedades humanas han articulado esas promesas de sabiduría: disciplinas para debilitar lenta y minuciosamente los valores intensivos de la vida mediante una labor de zapa espiritual.

El retraimiento de los sentidos (el *pratyāhāra*), la identificación del *atman* con el *brahmán* (del yo con el todo) en las tradiciones yóguicas, el ideal de la superficie lisa, que refleja el mundo sin perturbarlo, y de la pura planitud en algunas escuelas zen: he ahí algunas figuras clásicas de la sabiduría. Pero podemos recordar también la exigencia de concentración, de introspección, de visualización, destinada a neutralizar las perturbaciones interiores y exteriores en el vedismo y en la meditación sufí, en el jainismo y en el estoicismo. Todas las sabidurías parecen haber tenido, inicialmente, la vocación de reducir la variación de las intensidades del sujeto de la vida. Apuntan a suavizar la curva sinusoidal que parasita el espíritu de quien percibe, desea, recuerda, sufre y disfruta. En su parte ética, la filosofía occidental ha conservado esta vocación de hacer ecuánime e *igual* al sujeto humano, es decir, sin intensidad. El objetivo es, a la vez, «igualar sus pasiones», como en el *Tratado de las pasiones del alma* de Descartes, y hacerse semejante al mundo, renunciando poco a poco, por tanto, a la tensión que opone deseos y necesidades.

La sabiduría, en el sentido en que la entendemos, es una operación común a la mayoría de las maneras de pensar humanas que actúa directamente sobre las intensidades de la vida. Tiende menos a su superación que a su reducción progresiva a cero. A este fin, promete acceso de la conciencia a un estado de paz en el que ya no se busca la variación para nada, y esta ya no perturba al alma.

Se comprende ahora que el ideal eléctrico ha hecho de la Modernidad un momento de historia moral particularmente original: la Modernidad era el intento de presentar al hombre un objetivo ético distinto de la sabiduría —incluso en muchos aspectos, contrario a ella—. La vida moderna, esta antisabiduría, buscaba el incremento sin fin de la intensidad en todas las cosas, mientras que las sabidurías se imaginaban tradicionalmente la finalidad de una vida a través de su cancelación.

*Como salvación*

Si la sabiduría le parece al espíritu moderno entregado a las intensidades un fin por *anulación*, la salvación representa la superación, esta vez por *transfiguración* de las intensidades variables de una vida, mediante la esperanza en un estado de existencia superior y soberana, en el que las intensidades ya no varían nunca. Para el que se salva, para aquel que entra en el Reino de Dios y recibe la bienaventuranza eterna, las intensidades de la vida no están evidentemente minimizadas, sino maximizadas. Lo son hasta un límite, un estado supremo en el que todo se vuelve tan fuerte que nada puede serlo más y nada lo será menos de ahora en adelante. La promesa religiosa de una salvación descansa en la representación posible de una conservación del yo, una vez purificado de las intensidades variables del estado de ánimo, de la tristeza y de la alegría, del amor y del odio, y en la transfiguración de la identidad intensiva de sí en una identidad simple, perfecta y absoluta. Salvado, me identifico con la parte pura y permanente de mi ser: mi alma. Si la sabiduría dimana de una intensidad del yo reducida a cero, la salvación esboza la perspectiva de una intensidad del yo tan poderosa que nada puede serlo más: el yo se salvará, es decir, será definitivo, gozando su verdadera vida en el Paraíso o en el seno de un Dios. La salvación asegura que la intensidad del yo, es decir, la identidad variable y errante de mi ser, que no cesa de cambiar mientras vivo, será transfigurada hasta tal punto que se convertirá en absoluta. Este cambio cualitativo, por el que la mayor intensidad de todas las intensidades deja de ser una intensidad, es la salvación que promete la fe. ¿Qué quiere decir salvarse? Ser definitivamente lo que realmente soy en su sentido más verdadero: lo soy por toda la eternidad, lo soy completa, pura y simplemente junto a mi salvador, que a los ojos del creyente es el dios, el señor y el creador del mundo.

Esta es la promesa islámica y la promesa cristiana. Y, más generalmente, esta es la gran esperanza humana preeléctrica y premoderna ofrecida a los hombres inquietos: hay un final para las intensidades de la vida, y lo hay, por tanto, para la inquietud del ser.

Evidentemente, debemos distinguir dos salvaciones que el idioma francés *(salut)* confunde, pero que, por ejemplo, el idioma alemán distingue: *Erlösung* y *Heil*, es decir, un acto negativo de liberación y un acto positivo de plenitud. Toda salvación es a la vez, de hecho, promesa de liberación de las intensidades, del *más* y del *menos*, encarnadas en la sinusoide de las penas y los gozos, o de las existencias sucesivas a través de diferentes cuerpos, así como la perspectiva de un absoluto, de una intensidad máxima de vida que es al mismo tiempo la última y la única. La fe en la salvación es la creencia en una intensidad máxima y final. Es, en el plano del pensamiento, la posibilidad de experimentar una fuerza de vida tan poderosa que aleja de la vida. Indica el tránsito al más allá, a un estado que no puede compararse con la vida orgánica, un estado que el hombre no puede pensar más que imperfectamente y que simplemente le cuesta imaginar.

La salvación musulmana y cristiana es, a la vez, la imagen y la idea de una liberación del pecado, del sufrimiento, de la apariencia de la vida. Porque vivir para la intensidad aquí abajo nunca alcanza la vida absoluta, que el pensamiento puede abarcar, y por la que lo incorruptible que hay en el organismo vivo (la idealización del pensamiento por sí mismo: el espíritu) se transmite al cuerpo, en lugar de que el cuerpo transmita sus pasiones al espíritu. El Paraíso sigue siendo la imagen más popular de la liberación de las intensidades en cuanto intensidad máxima que desafía toda representación. Se ha anunciado que al hombre no le faltará nada en el Paraíso, que no conocerá el hambre, ni el miedo, ni la duda. En el Paraíso que describe el Corán se pinta más bien la intensidad máxima de la vida en forma de una existencia absolutamente agradable, suave, en la que están todos los placeres elevados a un punto máximo, donde todos los creyentes, que son hermanos, vestidos de oro y seda comen los manjares más delicados, beben y satisfacen sin frustración sus necesidades sexuales. En la representación bíblica del Paraíso, el acento recae más bien en la liberación de las intensidades variables de la vida: a los creyentes se les asegura no la intensidad máxima en la satisfacción de sus deseos espirituales y carnales, sino la liberación de los deseos que los encadenaban.

Simétricas, sabiduría y salvación no se oponen, sino que más bien representan los dos horizontes, las dos salidas posibles del circo, del gran carrusel de las intensidades variables de la vida. Sabiduría y salvación han formado parte en proporciones variables de todas las promesas filosóficas y religiosas —hasta la aparición de la ética eléctrica, que propuso al hombre moderno un nuevo sentido de la vida.


## Un dilema

Aunque movilizan la intensidad de la vida, el entusiasmo del corazón y la exaltación de todo el ser, las sabidurías y las promesas de salvación hacen que al final prevalezcan las representaciones de nuestro pensamiento sobre los valores de nuestra vida: la característica de la igualdad, que es el principio del pensamiento, se impone a la de la intensidad que es el principio de la vida sensible. En toda filosofía que le dé al hombre la sabiduría deseable y en toda religión que le haga esperar la salvación, la capacidad del pensamiento para imaginar un estado de existencia igual triunfa sobre las intensidades variables que la sensación nos comunica. Sabiduría y salvación significan que el pensamiento se impone sobre la vida.

Y a la inversa, la ética eléctrica cuya aparición hemos delineado a grandes rasgos y que ha conducido a la formación de nuestro estilo moderno de ser humanos, supone el triunfo de la vida sobre el pensamiento. De mil maneras, esa ética nos ha instado a ajustar lo que sentimos con lo que experimentamos en cuanto seres vivos. Por esta razón, el valor cardinal de la intensidad ha orientado nuestros saberes, nuestras prácticas, nuestros deseos, nuestras esperanzas, nuestra moral y nuestra política —al menos para aquella parte de la humanidad que pretendía progresar y desprenderse de las formas de vida premodernas.

En un primer momento, la promesa de intensidad, que encarnaba una nueva forma de ética fiel a la fuerza de la vida, eclipsó las promesas más antiguas de anulación o de transfiguración de la vida por el pensamiento. Y luego el agotamiento fatal de la promesa de intensidad, sometida al efecto de la rutina, dejó de nuevo campo libre a las viejas ideas de sabiduría y salvación. Por eso a los espíritus modernos les parece que las sabidurías y las salvaciones *vuelven*. En realidad, nunca se fueron. Simplemente, hoy parece que la fascinación por la electricidad ya no es lo suficientemente fuerte como para sostener la promesa individual y colectiva de una vida que no tenga nada mejor por esperar que su intensificación. Dado que se adivina imposible mantener perpetuamente intensidades sin debilitarlas al mismo tiempo, la promesa de la intensidad no es suficiente para satisfacer las necesidades éticas del hombre. Todos, sin excepción, sentimos ahora con claridad que la intensidad generalizada no ofrece otra perspectiva, una vez elevada al rango de principio de vida, que nuestro agotamiento casi inevitable, casi mecánico. Arrastra a todo organismo individual o colectivo que se entrega a ella sin reservas a una vaga depresión, a una lenta disminución de la excitación, a una anulación fatal, que no acaba nunca si no es con un colapso.

Esa es la contradicción común a la que llegamos por los mil vericuetos de nuestras existencias particulares: querer aumentar nuestra vida solo lleva a disminuirla.

Esta es la primera rama del dilema: al perseguir el proyecto ético moderno nos condenamos a conformar nuestro pensamiento al sentimiento intenso de la vida, hasta debilitarlo casi por completo. La segunda rama implica que, dando la espalda a esa Modernidad, nos entreguemos, como tantos otros antes que nosotros, a la esperanza de lograr un estado igual, parecido a las representaciones puras y perfectas de nuestro pensamiento. El sabio y el religioso tratan de ordenar su vida persiguiendo las verdades a las que creen tener acceso pensando. El hombre moderno y el contemporáneo, fascinados por la naturaleza de la electricidad, interpretándolo todo en términos de intensidad, han intentado, en cambio, acomodar las características de sus verdades, ideas y creencias a las cualidades intensas de sus cuerpos. Y henos aquí cada vez más desgarrados por este dilema, del que necesariamente salimos perdiendo: o echar a perder un poco más nuestro sentido de intensidad al propugnarlo, o arremeter contra él y esperar de nuevo ser sabios y salvarnos, esto es, alejarnos de la vida.

Tanto en un caso como en otro se pierde la intensidad vital. Pero hay que decidir, hay que encontrar lo que es más justo éticamente. Si la ética se refiere a las formas más que a los contenidos, su propósito es determinar o inventar una manera de vivir fiel al sentimiento de vivir, es decir, que no debilite en nosotros el sentido de estar vivos. Una vida *moral* es una vida dirigida hacia ciertos ideales morales. Es una vida determinada. Una vida *ética* es una vida que, cualesquiera que sean los ideales morales o políticos que la determinen, no reduce ni aniquila, en quien la lleva, la sensación de ser vivida. En esta perspectiva, la ética vuelve siempre, de cuando en cuando, para arbitrar y decidir entre la colonización de la vida por nuestro pensamiento o la del pensamiento por nuestra vida. Y, al punto donde hemos llegado, precisamente esta decisión ética nos parece que se ha hecho imposible.


## Sin salida

Nuestra condición ética se puede resumir en unas pocas palabras: ahora nos encontramos atenazados entre dos posibilidades éticas opuestas que al final llevan a lo mismo. O todavía nos mantenemos en las promesas modernas de la intensificación de la vida y del pensamiento, sin la menor perspectiva de un fin, de una trascendencia, o nos entregamos a las promesas, que existían mucho antes de la Modernidad, de anulación o de transfiguración de las intensidades de la vida, yendo hacia el horizonte de un fin o de una trascendencia. Nos dividimos en dos partes. Por un lado están los que deciden permanecer fieles a la promesa eléctrica de la razón moderna: una intensificación sin fin de nuestra vida. Por otro están los que prefieren sumarse a las promesas de la sabiduría o de la salvación. O nos guiamos por la esperanza de someter nuestro pensamiento a los valores de nuestra vida u orientamos esa existencia hacia la esperanza de someter esta vida a los valores de nuestro pensamiento.

Ahora bien, la alternativa es trágica porque es necesario decidir y, no obstante, es imposible hacerlo sin perder el sentido mismo de la intensidad. Dirigir la propia existencia solo con miras a su intensificación es, tal como hemos explicado, entregarnos al efecto de la rutina. Es anular poco a poco todas las intensidades de la vida en nombre de esas mismas intensidades. Y eso es lo que nos ha llevado al *impasse* ético de la Modernidad. Por el contrario, vivir y actuar con miras a la neutralización o a la transfiguración de la intensidad de la vida es conceder la máxima intensidad a la desaparición de esa intensidad. Es esperar siempre un estado de ataraxia, de apatía, de gracia, de liberación, que significa el retorno a una ética premoderna. Nada está excluido *a priori*: tal vez sea necesario retroceder para reencontrar el sentido de una vida intensa, esperando la sabiduría o la salvación. Pero las promesas de sabiduría o de salvación no son más fieles a la intensidad del sentimiento de la vida de lo que pudo serlo la Modernidad intensiva: utilizan como *medio* la intensidad del sentimiento de vivir, para movilizarlo hacia su negación. Necesitan apelar al fervor de quien vive, siente y sufre, para prometerle el final del sufrimiento, la transmutación de la sensibilidad y la culminación de la vida. Se trata de creer intensamente en algo más que en la intensidad. Tanto en un caso como en otro, la intensidad no se sostiene. El espíritu no la ha mantenido. Está destinada —voluntaria o involuntariamente— a desaparecer. ¿Hay que vivir con la única finalidad de conseguir que nuestra vida sea más intensa? Por desgracia, esto es condenarse a alejarse cada vez más de lo que se busca. ¿Hay que vivir con la vista puesta en suprimir las intensidades de la vida? No podemos decidirnos a eso sin echar mano de nuestra intensidad de vida, de nuestro entusiasmo nervioso. Lo traicionamos, por tanto, dirigiéndolo contra sí mismo.

Lo que se pierde en ambos casos es la intensidad misma: nuestra sensación de sentir.

Cualquiera que sea nuestra decisión, parece que no disponemos de un medio durable de conservar por el pensamiento esa intensidad de nuestra vida. La defendamos o la ataquemos, no se mantiene. No puede sostenerse durante toda una existencia, y tampoco puede sostener a toda una sociedad.

Habiendo llegado a este extremo, nos preguntamos: ¿Cómo permanecer fieles a la intensidad de la vida sin hacer de ello el principio absoluto de la vida ni buscar anularla o incluso acabar con ella? ¿Cómo vivir, simplemente, de manera que sostengamos lo más posible la intensidad de la propia vida? Nuestra conciencia ética está atrapada entre dos fuegos. Ahí está, por una parte, aplastada por el agotamiento de todo lo que la Modernidad nos había prometido como absolutamente intenso —como si una promesa así bastara, cuando en realidad no pasa la prueba del tiempo—, y comprimida, por otra, por la reaparición de las promesas filosóficas y religiosas de extinción o de sublimación de la vida ilusoria del cuerpo. Por un lado nos condenamos al desánimo y a una lenta extinción de nuestra vitalidad. Por el otro nos abandonamos a la negación intelectual del valor intrínseco de la vida. La batalla parece perdida de antemano. ¿Qué puede hacer el individuo que todavía cree que el propósito de una vida es sostener su intensidad, de la mejor manera que pueda, cuanto más tiempo pueda? Aquel que, viviendo, solo espera mantenerse fiel a la fuerza de esta vida, que siente en su interior, parece estar indefenso.

Tal vez no sea posible pensar y vivir de manera que el pensamiento no se imponga a la vida ni la vida al pensamiento. Tal vez sea vano querer vivir *más* o *menos,* pero también no intentar pensar *más* o *menos.* Tal vez no exista manera perdurable de vivir, pero tampoco de pensar intensamente; o de pensar, pero tampoco de vivir de una manera uniforme. Quizá nuestra condición sea no tener salida.

UNA IMAGEN OPUESTA. ALGO RESISTE

*La Eva de Seúl*

Desde hace tiempo, hay historias de robots con forma humana capaces de aprender a sentir emociones y a amar. La primera aparición de la palabra «robot» data de 1928, en la obra de teatro de Karel Čapek titulada *R.U.R.*: los «Robots Universales Rossum». El término designa seres artificiales, en este caso «máquinas biológicas» producidas en una isla lejana. Al principio desprovistos de sensibilidad, los robots adquieren a lo largo de su desarrollo técnico, y gracias a las reivindicaciones políticas de sus defensores humanos (La liga de Helena Glory), un cerebro y un corazón, hasta tal punto que dos de ellos se enamoran. La «máquina amorosa» es una fantasía recurrente en la época moderna, que a menudo se ha utilizado para ilustrar el agotamiento de nuestras propias intensidades vitales. Esa fantasía aparece con regularidad en las mejores historietas animadas dibujadas por Osamu Tezuka; es uno de los temas de la novela *¿Sueñan los androides con ovejas eléctricas?*, de Philip K. Dick, y más aún de su adaptación cinematográfica: *Blade Runner.* En la televisión, esa obsesión por la máquina sentimental resurgió en las historias del corazón de los cylons de *Battlestar Galactica* o de los

hubots de *Äkta människor (Real Humans)*. Al final de
*R.U.R,* el último hombre descubre que el sentimiento
de la vida ha pasado a las criaturas robóticas. Primus y
Helena, dos robots que el arquitecto Alquist amenaza
con diseccionar, le suplican, cada uno de ellos hablando
del otro, que perdone a su compañero. Alquist se da
cuenta entonces de que se aman sinceramente y que
encarnan al nuevo Adán y a la nueva Eva de un mundo
poshumano. Han reinventado, por tanto, la vida agotada
para el hombre: «Me siento tan raro... como perdido,
mi cuerpo me duele y me duele el corazón, me duele
todo, no sé lo que me está pasando. Ni siquiera puedo
explicarte lo que siento...», dice Helena, como si fuera
una máquina trágica. De la boca del robot salen de
nuevo las palabras de ansiedad, pasión, y el vocabulario
de la intensidad vital ahora pertenece a seres no vivos,
a máquinas que despiertan a la vida poderosa que hemos dejado aletargarse en nosotros. Inspirándose en el
folclore del Golem y de la novela *Frankenstein,* la obra
profética de Čapek hace del robot la criatura del hombre, a la que el hombre, fatigado como un Dios que ha
vivido demasiado tiempo y ha disminuido su capacidad
de sentirse vivo, lega en su hijo simbólico la tarea de
enfrentarse a la vida y, a su vez, mantenerla. El nombre «robot» se lo inspiró a Karel Čapek su hermano
Josef; deseoso de remplazar los viejos términos de «au-
tómatas» o de «androides», Karel pensó en un principio
usar el neologismo *laboři,* que procede de la palabra
latina que significa «trabajo», pero al juzgar poco ele-
gante la sonoridad de la palabra aceptó la propuesta
de su hermano de jugar con el término checo *robota,*

que designa el trabajo forzado, la «corvea». Explotables a voluntad, pero esclavos sin alma de los tiempos modernos, los robots de Čapek están, sin embargo, hechos de materia *orgánica*. Hubo que esperar unos años para imaginar y luego construir robots que funcionaran gracias a la energía eléctrica. Y estos son los robots que hoy nos fascinan.

¿Quién sabe? El equivalente de los experimentos con la electricidad de salón de principios del siglo XVIII se encuentra tal vez hoy en las exhibiciones de robótica.

El robot o el Android EveR, cuyo nombre evoca a la primera mujer en la Biblia y la eternidad *(forever),* se dio a conocer públicamente, por primera vez, en el evento organizado en el hotel Kyoyuk Munhwa Hoekwan de Seúl, en 2003. Compitiendo con una «actroide» japonesa, este prototipo es una de las primeras mujeres robots electrónicas capaces de imitar expresiones de un rostro humano y mostrar una apariencia de felicidad, de tristeza, de alegría, de cólera, mientras mueve la cabeza, el torso, los brazos y las piernas. Cuando fue expuesto por primera vez ante un público humano, las reacciones mezcladas de asombro, emoción, miedo y placer de los hombres, las mujeres y los sesenta niños invitados por el Ministerio de Comercio, Industria y Energía fueron tan intensas que no pueden no recordarnos las de los burgueses que, tres siglos antes, asistían a la experiencia de la *Venus electrificata* de Bose. Quizá la Eva robótica cierra el capítulo de la historia de nuestra excitación abierta por la Venus electrificada, en cuanto invierte su propio principio. Ante la *Venus electrificata* descubrimos la electricidad en la criatura humana. Ante la Eva robótica descubrimos humanidad en la criatura eléctrica. El deseo ha cambiado de campo: lo que fascina ahora no es tanto que la humanidad puede volverse eléctrica, sino que la electricidad puede llegar a ser humana. Observando el dulce rostro de silicona de EveR, modelado y sintetizado según el de dos actrices coreanas, el movimiento de sus labios, el desplazamiento de izquierda a derecha y de derecha a izquierda de sus ojos, los hombres comienzan sin duda a amar a esa máquina eléctrica que reproduce sensaciones y emociones. Nos ha alcanzado el mismo tipo de rayo que el del experimento de la *Venus electrificata:* no sabemos realmente por qué, pero nos sentimos al mismo tiempo atraídos y rechazados por la vida de la cosa inorgánica, por el deseo irreprimible de la criatura artificial.

Los movimientos aún vacilantes de EveR, el rango limitado de sus expresiones y la torpeza de sus reacciones nos conmueven porque dejan entrever una vida más pura y menos intensiva, una especie de infancia de la humanidad cansada de sí misma, esperando encontrar en la criatura electrónica el alma original que esa humanidad siente haber degradado a fuerza de tanto malgastarla.

EveR es, de hecho, una criatura *electrónica* más que *eléctrica.* No pensamos en la electricidad cuando la vemos, sino en la información que la electricidad transmite. El robot ya es la criatura de la *era de después:* en la era electrónica la información pasa ciertamente por la corriente eléctrica, pero la electricidad ya no excita la imaginación porque no es más que un cómodo medio de transporte de información. Los desarrollos de la electrónica a partir de la década de 1960 implican en efecto un empleo de magnitudes eléctricas cada vez más débiles, cuya única finalidad es la de transmitir.

Y la electrónica no es quizá nada más que una forma de desintensificación de la electricidad.


*La promesa electrónica*

Si empezamos a desear robots es simplemente porque la vida en nosotros, hastiada por la rutina de su propia intensidad, ya no puede fijar su curiosidad más que en la mecánica, en una apariencia de vida que realmente no vive. Cuanto más deseamos las cosas electrónicas, más manifestamos —por nuestros gustos musicales por la música sintética, por nuestro erotismo aumentado por objetos que vibran y estimulaciones virtuales, por nuestro contacto cotidiano con objetos conectados con pantallas táctiles, por nuestras ilusiones de una singularidad tecnológica que vendría a tomar el relevo de la vieja humanidad— el debilitamiento de nuestro deseo vital por el deseo vital y la orientación de nuestra libido hacia lo que no vive de la intensidad.

¿Qué se entiende por era electrónica? Es el producto del agotamiento de la electricidad como agente universal y personaje principal de la técnica. Las débiles magnitudes eléctricas utilizadas para la transmisión de la información electrónica se deben simplemente al carácter innecesario de la intensidad eléctrica en la comunicación. ¿Por qué gastar mucha energía con lo que puede comunicarse con poca? La intensidad ya no es el *fin* sino solo el *medio*. Desde el siglo XIX, la ilusión de la difusión de imágenes a distancia asociada a las propiedades fotoeléctricas del selenio ha allanado el camino a un uso de la electricidad como simple medio de codificación de las informaciones luminosas o sonoras. Estudiadas por Willoughby Smith, un ingeniero de telegrafía, las propiedades del selenio, cuya resistencia a la corriente eléctrica disminuye a medida que se calienta, permiten disponer de la transcripción de un efecto de variación luminosa en impulso eléctrico, después de la codificación de la información luminosa en información eléctrica y su difusión a grandes distancias, para luego reconstituir, a partir de la información eléctrica, la información luminosa y, por tanto, la imagen misma. En 1878, tres investigadores propusieron, de manera simultánea, sin previo acuerdo entre ellos, utilizar las propiedades del selenio, que actúa en la corriente eléctrica en proporción a su exposición a la luz como medio de transmisión a distancia de imágenes fotográficas: era el principio del «telescopio» eléctrico del portugués Adriano de Paiva, del «telectroscopio» del francés Constantin Senlecq y del estadounidense George Carey. Lejano ancestro de la «tele-visión», el selenio no materializará nunca la loca esperanza depositada en él de convertirse en el medio para traducir la luz en electricidad, pero ha inaugurado perfectamente la era de una nueva ilusión: la descomposición de las imágenes luminosas en información y su difusión en forma de señal. En este sueño, la electricidad no es más que el vehículo de la información gracias a una energía que no necesita ser importante y que incluso es tanto más útil y económica cuanto más débil es. Nuestra obsesión se libera imperceptiblemente de la intensidad y se centra más bien en la información. De este modo, entramos sin siquiera darnos cuenta, medio sonámbulos, en un nuevo sueño que también transforma nuestra condición ética: el sueño electrónico, del que el robot es la efigie, el rostro deseable.

Porque la información no depende de lo intensivo, sino de lo extensivo. Es el seccionamiento, la descomposición, el procesamiento, el cálculo y la recomposición de toda variación —de sonido, luz, presión del tacto o electricidad—, por partes, en cantidades expresadas en *shannons,* cuya medida es el bit, como elemento binario. El concepto de información cierra el paréntesis histórico abierto por nuestra obsesión eléctrica y nos remite a lo que se suponía que la intensidad eléctrica debía ahorrarnos: la cuantificación, el seccionamiento según *partes extra partes,* el cálculo universal *bit by bit.* Más eficaz que la extensión espacial, que se aplica solo a la materia física, la información permite reducir a cantidades comparables todo dato, perceptible o imperceptible, toda fluctuación, todo gasto de energía —de hecho: toda intensidad.

La generalización de la electrónica en las tecnologías humanas sin duda ha marcado el final de la gran ilusión eléctrica. Son ya varios los decenios en los que, en todo nuestro entorno, la electricidad no es más que el servidor modesto, neutral y discreto de la información, intercambiada en forma de paquetes de datos, *bits y bytes.* Nadie, desde el último tercio del siglo XX, se sorprende o se maravilla realmente ante las posibilidades de la electricidad. Ese entusiasmo suena a anticuado y nos reconduce al imaginario del siglo XIX, como en la corriente de ciencia ficción llamada *steampunk* (donde la electricidad todavía es una maravilla porque se admite el supuesto de que no ha sido explotada industrialmente en la era victoriana). La corriente eléctrica y su fabulosa intensidad han dado paso en el imaginario contemporáneo al ordenador, a la computación de datos y al mundo digital. Casi como de puntillas, la ética intensiva que había activado los corazones de los hombres a partir del siglo XVIII ha desaparecido de la escena de nuestros sueños, perdiendo influencia a medida que la corriente eléctrica aparecía más discreta en nuestras ilusiones. La intensidad como valor superior de la vida provenía de la alianza inédita entre una idea y una imagen. Quizá sea esto lo que se llamó Modernidad. Cuando esta imagen, proporcionada por la corriente eléctrica, no suscitó ya el mismo entusiasmo espontáneo, la intensidad se mantuvo vigente como ideal ético en el mundo liberal y en la sociedad de consumo, pero mermada ya por el efecto de la rutina perdió su carácter cautivador.

Dado que la ética eléctrica de la Modernidad es como el filón exhausto de un viejo combustible fósil de nuestra naturaleza humana, ¿hay que desarrollar una *ética electrónica* del futuro? ¿Hay que imaginar una nueva forma de ser humanos inspirada en la fascinación por los robots, igual que antaño nos representamos una forma de ser humanos influenciada por la energía eléctrica? No dejarán de emerger cada vez más éticas electrónicas como consecuencia de reflexiones transhumanistas. Nos presentarán bajo una luz favorable la superación de nuestra vida orgánica, sensible y eléctrica, en beneficio de una vida calcada de la de los robots, las inteligencias artificiales y los dispositivos electrónicos, minimizando el sufrimiento, la enfermedad y la muerte, y cambiando nuestras intensidades vitales por un tratamiento superior de la información cognitiva y un mejoramiento de nuestras facultades de memoria, integración y reconocimiento. Tan pronto como se unen una imagen y una idea, como antaño hicieron la electricidad y la intensidad, o como la electrónica y la información hacen hoy, se nos promete una nueva condición ética.

Pero todo lo que nos proporciona la promesa electrónica es una versión tecnológica de la sabiduría y de la salvación: el bandazo de la intensidad de la vida que se impone al pensamiento, a la información del pensamiento que se impone a la vida. La promesa electrónica, ciertamente, no nos libera de la tenaza ética que aprisiona nuestra conciencia ética: no hace más que aumentar la presión. Nos vemos, pues, doblemente divididos entre la vida intensa y la sabiduría o la salvación de las religiones y entre la vida eléctrica y la vida electrónica de mañana. Eso nos permite, al menos, percibir hasta qué punto se ha vuelto obsoleto el ideal de la intensidad eléctrica en el que hemos sido educados, aunque sigamos obedeciendo en muchas áreas de la existencia social a los imperativos modernos de vivir vehementemente, vivir rápidamente y vivir intensamente. Sin duda, ya se perfilan otros ideales. Algunos creerán en una vida que se rija por el modo de ser de la información: una vida que se resume, conserva y prolonga en sus datos, una vida cuyas características no se intensificarían, sino que serían más eficaces: más memoria, más concentración, estados de ánimo dominados, muerte reprimida.

Creer en esta nueva promesa sería no haber aprendido la lección del agotamiento de la ética eléctrica. Sería, tras haber esperado reducir el pensamiento a la vida, querer reducir la vida al pensamiento y proponer un análogo materialista a las esperanzas de sabiduría y de salvación, mostrando una existencia liberada de la vida orgánica. Eso significaría, una vez más, que reducimos o eliminamos el sentimiento de vivir en lugar de *mantenerlo*.

Solo pedimos una cosa: no una fórmula mágica que nos indicara cómo hay que vivir, sino la certeza de que podemos pensar la resistencia de nuestro sentimiento de vivir frente a todo lo que la reduce o la elimina. No esperamos, como niños grandes, que un pensamiento nos revele el sentido de la vida, ni que esta nos enseñe las reglas de la existencia. Solo esperamos de una ética que nos asegure la posibilidad de no destruir la intensidad de nuestra vida precisamente en nombre de su realización. ¿De qué sirve vivir para siempre, si se ha perdido el sentimiento de vivir? En lugar de que se nos prometa una vida intensa o una vida eterna (sea espiritual o material), preferimos que se nos prometa solo la posibilidad de sentirnos vivir mientras vivimos.

Nos basta expresar esta exigencia para comprobar que no estamos reclamando la solución a nuestro problema: formularlo con claridad es haber llegado ya a nuestra respuesta. No se trata de *escapar* de nuestra tenaza, sino solo de *resistirnos* a ella.

*No dar la razón ni a lo uno ni a lo otro*

Esta es toda la dificultad de un razonamiento ético: no hay ninguna solución definitiva para mantener la intensidad de la vida en un ser vivo. Para preservarla, un ser pensante no tiene más opción que resistirse a la vida sin cesar. Mantener, sostener la electricidad de nuestros nervios, de nuestros músculos, que nos atraviesa y nos fulmina como un rayo, que hace no solo que sintamos, sino que tengamos el sentimiento de ser sensibles, es aprender a oponerle otro valor. La vida resiste al pensamiento, a sus ideales, y debe hacerlo porque no puede dejarse reducir a las exigencias de las palabras, de las ideas, de los conceptos, y porque no se deja valorar según la igualdad, la simplicidad, la absolutidad o la eternidad, a las que nuestra capacidad de pensar nos permite acceder. Y a la inversa, el pensamiento resiste a la vida porque no puede fusionarse con las intensidades vitales, la información nerviosa, la presión arterial, las variaciones hormonales, sin identificarlas, sin cuantificarlas y, a la larga, sin neutralizar su sentimiento íntimo. En cuanto seres a la vez vivos y pensantes, llevamos encima una relación perpetua de fuerza entre las variaciones que nos llegan de nuestra vida y las identidades impuestas por nuestro pensamiento. Ante esa relación de fuerza, no hay juez de paz que pueda de decidir imparcialmente entre los requisitos de nuestras formas de vida y los de nuestras formas de pensar: somos nosotros mismos, en cuanto vivimos y en cuanto pensamos, los que juzgamos los respectivos valores de nuestra vida y de nuestro pensamiento. Este arbitraje no es nada más que la actividad ética de cualquier subjetividad, humana o más ampliamente animal, que se esfuerza por mantener su sentir mientras almacena experiencia y somete sus sensaciones a los esquemas del pensamiento. No podemos deducir cómo debemos vivir o cómo debemos pensar, si no es ejerciendo violencia sobre la vida o el pensamiento. Un ser ético es todo aquel que modera lo uno y lo otro.

Dos traiciones posibles limitan el campo de su acción: la primera es *pensar para defender nuestra vida;* la segunda es *vivir siguiendo nuestro pensamiento.* Aquella es la máxima del fuerte, que se sitúa por encima de la moral y de la razón; esta es el principio del sabio, que obedece a la verdad. Comúnmente, estas dos posiciones pueden pasar por ser la expresión de una inteligencia superior o de una gran sabiduría, cuando en realidad manifiestan lo contrario: un desafortunado malentendido sobre la articulación irreductible entre los valores heterogéneos del que vive y del que piensa. El hombre fuerte, el hombre libre, aquel que solo piensa en dar a conocer y defender su vida, es en realidad el hombre que manipula las palabras y las ideas para darse más o menos secretamente la razón: buscando su interés, somete lo que, en él, escapa a su forma de vida, busca en las verdades los análogos de sus amores y sus odios, y pasa su existencia expresando con grandes ideas lo que en realidad es expresión de las fuerzas íntimas de sus impulsos, de sus aversiones y de sus deseos ocultos, racionalmente injustificables, que solo dependen de su complexión y de su biografía. Espera que el mundo abstracto de los conceptos decida a favor de sus gustos y de su forma de vivir. Utiliza el pensamiento universal como un medio auxiliar de su forma de vida particular.

Pero aquel que vive de acuerdo con los preceptos de su pensamiento, y que pasa por sabio, comete un error simétrico de confusión de los órdenes: piensa poder imponer, por su fuerza de voluntad, a la singularidad de su cuerpo lo que vale como idea universal. Se jacta de reducir poco a poco las intensidades de su existencia a entidades abstractas. Todo aquel que se enorgullece de ser consecuente, porque vive de acuerdo con ciertos principios que él saca de su intelecto, parece un extraño domador que está orgulloso de haber enseñado a una manada de animales a comportarse como si fueran piedras; y a la inversa, aquel que utilice su pensamiento para transformar las particularidades de su forma de vida en modelo universal no debería parecernos más creíble que el que, tras haberlas esculpido, tratara las piedras como si fueran una manada de animales vivos. En realidad, el sabio o el religioso que someten las intensidades de lo vivo a las verdades del pensamiento, pero también los proponentes de una nueva ética electrónica y, más ampliamente, todos los que entienden por «moral» la exigencia de coherencia entre los principios abstractos y los actos de vida, tratan de derivar las reglas de un mundo vivo, donde todo es intenso, de un mundo en el que nada lo es. La vida nunca coincide con lo que se espera que ella sea, con lo que se le impone ser, porque en ella solo aparece el *más* o el *menos*. Nuestras ideas le aplican cortes e identidades que nuestras percepciones variables acaban siempre desbordando, como la tinta de color se expande en una hoja de papel secante, y que los límites trazados linealmente no llegan nunca a contener de un modo exacto.

Pero, quien desee actuar a la inversa e intente que las categorías del pensamiento se correspondan con el movimiento y con las variaciones de la vida ha de esperar una desilusión comparable: el pensamiento nunca imita las intensidades sensibles sin pagar el precio de su imitación. La esperanza de conseguir que el pensamiento sea sensible e intenso se engaña respecto a sus consecuencias éticas. El pensamiento, al tomar forma de vida, comunica también a la vida formas de pensamiento. Y así un pensamiento demasiado intenso acaba siempre neutralizando rápidamente toda intensidad y transformando la intensidad en nueva identidad. Todo lo que pasa por el pensamiento sale de él de alguna manera desintensificado e igualado. Una vez pensado, todo termina apareciendo determinado e identificado, ya sea el árbol con la fruta de oro que imagino, el árbol que veo frente a mí o las variaciones de la luz entre sus ramas. Por desgracia, al intentar que nuestras ideas y nuestros ideales sean intensos, eléctricos y vivos, la Modernidad acabó identificando la intensidad misma. Creyendo obrar bien, ha hecho de ella un concepto, un puro objeto del pensamiento, y le ha eliminado toda su irreductibilidad salvaje. Cuanto más afirmemos, con palabras e ideas, el valor superior de lo que escapa a las palabras y a las ideas, más transformaremos esa vida en algo abstracto, y su intensidad en una idea neutra. La única manera de preservarla es distinguirla, con el pensamiento, del pensamiento mismo. Se trata de concebir la diferencia de orden entre lo que se somete a la diferencia, a la variación, al *más* o al *menos,* y lo que se resiste a ello. Pretender fundar un pensamiento en la diferencia, la variación, la intensidad es perjudicar por desgracia esos valores y precipitar su pérdida sometiéndolos a la rutina de nuestro sentimiento.

Somos intensos porque vivimos, pero somos iguales porque pensamos; creer que por vivir así debo también pensar así, o que por pensar de esa manera debo vivir de esa misma manera, es romper la tensión ética que nace de la distinción conceptual burda, pero necesaria para todo ser pensante, entre lo que siente y lo que piensa.


*Desde la perspectiva del pensamiento,*
*desde la perspectiva de la vida*


Obviamente, solo desde el punto de vista del pensamiento podemos distinguir la vida del pensamiento como si uno y otra correspondieran a dos conceptos extraños entre sí. Desde el punto de vista de la vida, el pensamiento no es más que una intensidad particular de lo vivo, y la parte de nosotros que piensa no está en absoluto separada de la parte de nosotros que vive, siente y sufre.

En tanto que pienso en ello, me es imposible no diferenciar lo que depende de mi sistema nervioso —que, de la periferia de mis nervios al centro de la acción de mi encéfalo, recibe, trata, integra los mensajes nerviosos— del mundo al que da acceso el pensamiento, un mundo de entidades simples, identificables y reidentificables, que existen todas de un modo igual. Puedo intentar tratar lo que pienso como si se tratara de intensidades variables e imitar así la vida en el elemento del concepto, tanto como puedo simular volar mientras voy andando. Es la transmutación que las metafísicas de la intensidad han intentado llevar a cabo. Pero el pensamiento, al imitar la vida, en realidad contamina los valores de la misma y las intensidades que pienso son rápidamente neutralizadas, reducidas a identidades: el efecto de la rutina reduce a cero la intensidad de las ideas. De manera que el pensamiento no puede hacer otra cosa que identificar y diferenciar, descomponer por tanto intensidades variables en entidades separadas aunque iguales: para el pensamiento, la vida y el pensamiento se presentarán siempre como dos reinos desavenidos.

Para vivir éticamente no puedo hacer otra cosa que pensar una distinción, una diferencia igual entre lo igual y lo intenso, entre la conceptualización y la sensibilidad, entre lo que soy en cuanto pienso y lo que soy en cuanto vivo. Pero en cuanto vivo, precisamente, esta distinción ya no se me presenta: no voy a sentir ninguna diferencia entre lo que siento y lo que pienso, hasta tal punto que mis palabras, mis ideales aparecerán siempre, en mi vida sensible, como otras tantas modulaciones de mis sentimientos propios y mis experiencias biográficas.

Para obtener una correcta concepción de la ética hay que poder imaginar una doble articulación entre lo continuo (de la vida) y lo discontinuo (del pensamiento). Vivir es experimentar continuidades, intensidades variables; pensar es seccionar el mundo en entidades distintas. Pensar la diferencia entre la vida y el pensamiento es, pues, distinguir entre vida y pensamiento. Pero vivir la diferencia entre la vida y el pensamiento es, al contrario, sentir la continuidad a la vez que las fluctuaciones entre la vida y el pensamiento. Ahora bien, la ética consiste en organizar la vida pensada y el pensamiento vivido de modo que se impida cualquier hegemonía de una sobre otra. Hay que organizar la resistencia testaruda del pensamiento contra la espontaneidad de la vida, que suena como falsa tan pronto como se traduce en palabras, pero también impedir que el pensamiento abstracto se imponga a la vida, le dicte lo que debe sentir y hasta le prometa que será como él cuando sea sabio o cuando se salve.

Este es el precio que ha de pagar el sentimiento de vivir, cuando uno es un ser que además piensa.

Imaginemos una línea de crestas en las montañas y que caminamos por esa línea tratando de no caer al vacío ético ni por un lado ni por el otro: dos precipicios bordean el camino de una existencia, que son, por un lado, la tentación de pensar tal como vivimos (es el deseo del hombre intenso) y, por el otro, la tentación de vivir tal como pensamos (es la esperanza de los sabios y de los hombres de fe; y quizá también sea la promesa electrónica).

La vida ética no es la vida sabia ni la vida eléctrica, ni la búsqueda de la salvación ni la búsqueda espontánea de intensidad. Es una vida capaz de no entregarse a su intensidad y de no tratar de desentenderse de ella. Es un camino estrecho que serpentea a través de todos los discursos, a lo largo del cual debemos incansablemente no dar la razón ni a quienes nos digan que pensemos intensamente ni a quienes nos ordenen vivir en la igualdad, sometiendo así una parte de nosotros a la otra y desperdiciando lo mejor que tiene una vida: la posibilidad de ser vivida, ya sea porque la agotan a base de afirmaciones que producen lo contrario, o porque la niegan y esperan *otra cosa*. Para no afirmar y para no negar la intensidad de la vida hay que aprender a probar esa intensidad en la resistencia: sentimos que vivimos realmente solo si nos enfrentamos a un pensamiento que resiste a la vida, y sentimos que realmente pensamos solo si nos enfrentamos a una vida que resiste al pensamiento.

Si nos sostenemos sobre dos impulsos contrarios tendremos la oportunidad, quizá, de mantenernos en equilibrio en la línea de la cresta.


## La suerte

Pensar, tal como hemos intentado hacer aquí, no debería consistir en imponer conclusiones teóricas a nuestras vidas. La función ética de un razonamiento no es producir un efecto vinculante en el lector, sino preservar la diferencia entre todo aquello que la vida tiende a confundir: si las pensamos correctamente, las cosas nos pueden parecer, al final, distintas pero iguales; iguales pero distintas. He ahí el ideal del pensamiento. No ejerce ninguna fuerza sobre la vida, no le impone su dominio, sino que intenta presentarle ideas distintas e iguales para vivir con todo conocimiento de causa.

Vivir y pensar tienen igual valor. Pero pensar bien no es pensar como se vive, y vivir bien no es vivir como se piensa. Debemos resistir la tentación de ser coherentes. Pero entonces, ¿cómo hay que vivir? No hemos planteado la distinción de orden ético entre lo que concebimos y lo que sentimos para someter al final nuestras vidas a una nueva ley: no se trata de reemplazar nuestra condición moderna, y agotada, de estar sometidos a la exigencia de intensidad vital por otro sometimiento. Al final de esta investigación entenderemos que no queremos determinar el contenido moral y que nos negamos a considerar el pensamiento como un poder legislativo. Al contrario, finalmente nos hemos liberado de tener que legislar con el pensamiento y de tener que someternos a la vida, o bien de tener que regularnos por la vida y obedecer al pensamiento. A la pregunta: «¿Cómo debemos vivir?», la única respuesta verdaderamente ética consiste en no responder «de modo que vivamos más intensamente», ni «de modo que conozcamos la verdad, la salvación o lo absoluto», sino «de modo que no perdamos la sensación de ser un organismo vivo». En cuanto a saber qué entendemos por «nosotros», esa es otra cuestión, política y ya no ética. La ética consiste en concebir la mejor forma de vivir; la política determina quién puede ser sujeto de esa vida. Y la ética, en el sentido en que nosotros la entendemos, puede aplicarse tanto a un individuo como a una comunidad, o a toda la humanidad, tal vez incluso a otros animales distintos de los seres humanos, pues no son estos los únicos seres que perciben y conocen. Para nosotros, seres con sensibilidad, el pensamiento ofrece un punto de vista sobre la vida ajeno a la vida que nos permite desearla. Y así podemos hacer un uso ético de nuestra facultad de pensar: no tomando la vida como si fuera un defecto o una evidencia, sino más bien encontrando casi inexplicable la sensación de respirar, de ver cómo la luz y las sombras cambian con el paso de las horas, de escuchar el zumbido de los ruidos, de las voces que van y vienen, de ser un cuerpo nervioso, hormonal, de sentirnos alternativamente exaltados, abatidos, fatigados, pacíficos y desencadenados, de comprobar que no estamos muertos y que todavía estamos cambiando.

Desde el punto de vista del mundo abstracto del pensamiento nos parece casi un milagro el hecho de vivir: como un extranjero curioso que descubre un país desconocido, la parte nuestra que piensa puede regocijarse por habitar el mundo en cuanto es cuerpo; y a la inversa, esa parte nuestra que siente puede emocionarse por pertenecer al mundo en cuanto idea.

Y así entendemos, al término de esta investigación, que no podemos imaginar conservar la intensidad vital que tanto nos importa si no es a condición de oponerla al pensamiento, y de oponer a este aquella. En este sentido, no imaginamos vida ética más que a través del rechazo obstinado a que nuestras ideas se correspondan con nuestra manera de vivir, y a través del rechazo obstinado a que esa vida se someta a nuestras grandes ideas. Nuestro carácter ético requiere que seamos mucho más cuidadosos que eso.

En el mundo del pensamiento nos encontramos con el concepto de «suerte», es decir, aquello que, de una cosa, no se deja inferir, reducir o sustraer, lo que hace de cada cosa una cosa por igual, y no *más* y *menos* otra cosa. Al imaginarnos la suerte de cada cosa accedemos a la representación de un mundo igual, sin intensidad, que resiste a las variaciones incesantes de todo lo que vivimos. Solo concibiendo ese algo igual podemos disponer de un contrapunto de las intensidades a las que nuestra existencia está entregada. El error sería servirse de ese algo para *negar* nuestro carácter de seres vivos en lugar de *resistirnos* a él. Resistir es negarse a decir que sí, pero también a decir que no. Ser ético consiste en mantenerse firme, en oponer al flujo continuo de la vida una especie de inmovilidad, que se expresa en las palabras y en las ideas, en las identidades que arrancamos a nuestras sensaciones siempre diferentes. Por eso cada cual puede esperar sentirse vivo, al probar concretamente, contra la parte pensante de sí mismo, la intensidad del flujo de sus percepciones, de su deseo cambiante y de su electricidad interior. Si el dique del pensamiento salta en pedazos, la corriente se lo lleva todo. Y muy pronto, al no haber resistencia, el movimiento absoluto de la vida no aporta más que la sensación de algo permanente, inerte y rutinario. Por el contrario, si el pensamiento detiene, domina y ordena por completo la corriente de nuestra naturaleza, las aguas vivas devienen aguas durmientes y, finalmente, aguas muertas. La intensidad vital no es ahora nada más que un charco de ser estancado, una vida eterna, una vida salvada, pero una vida inerte.

La fuerza de una vida es algo muy delicado. Para sentirse vivos tanto como sea posible, hay que mantenerse sobre las crestas de las ideas y de las sensaciones, y no ceder al vértigo de la afirmación de la vida ni caer en el abismo de su negación. Si alguien afirma demasiado la vida, al final la niega. Pero negarla no significa afirmarla: solo significa servirse algo perversamente del poder de la vida contra ella misma. El ser que vive y piensa siempre es un perdedor si no es sensible con la corriente poderosa por la que se siente penetrado. Su pensamiento termina neutralizando lo más fuerte que hay en su ser. Esta es la suerte de una vida sensible: aquello que, de la sensibilidad, no puede ser reducido a otra cosa. Es el tesoro íntimo de todo ser que siente, la perla de sus sentimientos, esa parte suya que solo le pertenece a él: el sentimiento de no ser el observador universal y sin vida de lo viviente.

¿Qué otra cosa mejor puede hacer una vida que trabajar para mantener en sí misma ese sentimiento que la hace vivir? No se le puede prometer a nadie, pero todos tenemos que esperar mantenerlo a lo largo del tiempo. Para un ser sensible e inteligente, nada hay más intenso que conseguir pensar sin anular la suerte de estar vivo.

GRACIAS

A mis padres, a Alexandre Lacroix y a la editorial Autrement, a Vincent Normand, a Flora Katz, a Perrine
Bailleux y a toda la gente de PA-F, en Saint-Erme